DA

DER
KULTUR·UND
STADTFÜHRER
DARMSTADT

edition libellus

BIBLIOTHEKEN

Seite 86

BIERGÄRTEN

Seite 130

CAFÉS

Seite 123

EINKAUFEN

Seite 110

KNEIPEN

Seite 127

MUSEEN

Seite 72 ff.

NACHTS

Seite 128

RESTAURANTS

Seite 124

SPORT

Seite 134

THEATER

Seite 92

UNTERKUNFT

Seite 131

Der Datterich zeigt, wo's lang geht.

DA·VOR

Der neue Kultur- und Stadtführer Darmstadt stellt die Geschichte, die Sehenswürdigkeiten, die bedeutenden kulturellen Institutionen und andere lohnende Ziele in unserer Stadt vor. Große Kultur, Lokalkolorit, stille oder lebendige Erlebniswelt breitet sich in diesem ansprechenden Buch in ganzer Vielfalt aus.

Um Darmstadts Facettenreichtum Schritt für Schritt kennen zu lernen, führt Sie die kleine Datterich-Figur aus Ernst Elias Niebergalls gleichnamiger Mundartdichtung von 1841 zu den DA·Zielen. Die Abkürzung DA gibt den einzelnen Kapiteln eine besondere Pointe und will Sie dazu verleiten, sich mit Vergnügen der Gegenwart und Vergangenheit unserer Stadt und ihren unverwechselbaren Schönheiten zu widmen.

Ich wünsche Ihnen eine interessante Lektüre des Buches. Es soll Sie vor allem anregen, neue Entdeckungen zu machen als neugieriger Besucher und Gast in unserer Stadt.

PETER BENZ·
OBERBÜRGERMEISTER

DA·DRIN

DA·DURCH

sehen Sie

Gegenwart und

Vergangenheit

DA·HIN

zieht es

Einheimische

und Besucher

DA·FÜR

lohnt es
_____
sich besonders
_____
Zeit zu nehmen

DA·MIT

Sie sich
auch überall
zurechtfinden

DA·HINTER

versteckt
sich Übersicht
und viel Inhalt

DA·DURCH

sehen Sie
Gegenwart und
Vergangenheit

Das Haus der Geschichte
am Karolinenplatz

Darmstadts Stadtgeschichte: Im Wandel der Zeit

Darmstadt blickt auf eine lange Geschichte als Residenz zurück, die Auswirkungen auf die Mentalität und das Selbstverständnis seiner Einwohner hat. Diese Entwicklung hat letztendlich dazu geführt, dass Darmstadt sich heute durchaus von vielen deutschen Städten vergleichbarer Größe abhebt. Darmstadt ist eine wirtschaftlich starke und zukunftsorientierte Stadt, die nicht nur als Wirtschaftsstandort, sondern auch und gerade durch das vielfältige kulturelle Leben und seine Traditionen zu überzeugen weiß.

Grabungsfunde aus dem Stadtgebiet belegen eine Besiedlung des Darmstädter Raums seit ca. 2000 v. Chr. Seit dieser Zeit kann man von einer kontinuierlichen Besiedlung im Stadtgebiet ausgehen. Eine genaue Angabe zum Zeitpunkt der Gründung Darmstadts ist nicht möglich, die erste urkundliche Erwähnung fällt in die zweite Hälfte des 11. Jahrhunderts. Zu diesem Zeitpunkt existieren auch schon andere Siedlungen im heutigen Stadtgebiet, die später im Zuge der stetigen Vergrößerung der Stadt zu Stadtteilen werden. Der Kernbereich der ersten Besiedlung liegt südlich und westlich des heutigen Schlosses. Auf dem nördlichen Schlossgelände entsteht bereits vor der Stadtgründung zu Beginn des 14. Jahrhunderts eine Wasserburg zum Schutz der Siedlung. 1330 werden dem Grafen von Katzenelnbogen die Stadtrechte für Darmstadt verliehen. Am 23. Juli verleiht Kaiser Ludwig der Bayer das Privileg, eine Stadtmauer zu errichten und innerhalb dieser Markt abzuhalten. Der älteste erhaltene Teil der Mauer ist der Bereich rund um den Hinkelsturm.

Eine abschließende Klärung des Stadtnamens gibt es bis heute nicht, verschiedene Ansätze werden angeboten. Ein Ansatz geht davon aus, dass man sich bei der Namensgebung auf den eines Edlen names Dari(s)mund berief. Eine weitere Möglichkeit geht von einem lateinischen Ursprung aus. Der Name soll auf eine Befestigung des Kaisers Trajan zurückgehen (traianum monumentum). Ein Ansatz, für den sich seinerzeit Oberbürgermeister Heinz W. Sabais (1922–81) stark machte, leitet den Namen aus dem Fränkischen ab, die Bedeutung wäre demnach Stadt am befestigten Durchgang. Wie auch immer die Erklärung lautet, nur eines lässt sich mit Sicherheit ausschließen, dass der Name durch die Weitergabe des D's vom nahe gelegenen Dummstadt nach Armstadt zustande kam.

Die Herrschaft über die Stadt verbleibt bis 1479 bei den Grafen von Katzenelnbogen, danach geht sie an den Landgrafen Heinrich III. von Hessen über. Noch einmal fast 100 Jahre vergehen, bis Hessen-Darmstadt als eigenständige Einheit entsteht. 1567 stirbt Philipp der Großmütige und nach seinem Testament wird das Land unter seinen vier Söhnen aufgeteilt. Der jüngste Sohn Georg erhält Darmstadt und das südliche Hessen. Als Georg I. seine neue Residenz in Besitz nimmt, soll das Schloss durch Vernachlässigung und Kriegsfolgen so heruntergekommen sein, dass der Fürst sich von seinen Untertanen Mobiliar und Gebrauchsgegenstände leihen muss um sich einzurichten.

Diese bedrückende Situation trug wohl ihren Teil dazu bei, dass Georg I. mit großer Energie und Zielstrebigkeit daranging, Schloss und Stadt auszubauen und seine Herrschaft zu erweitern. Das Schloss wird instand gesetzt und erweitert, das alte Rathaus ab 1590 erbaut und der Stadtausbau in Angriff genommen. Ab 1593 wird die alte Vorstadt geplant, der Bau zieht sich bis 1687 hin, unter anderem

durch die Folgen des 30-jährigen Kriegs. Die Anlage der Vorstadt zieht sich nördlich der Altstadt an der heutigen Alexander- und Magdalenenstraße entlang. Teile der Originalbebauung sind an der Alexanderstraße erhalten (Hausnummern 25–35 gegenüber der Technischen Hochschule). 1596 stirbt der erste Landgraf und unter seinem Sohn Ludwig V. gehen Stadt und Land schwierigen Zeiten entgegen. Die Herrschaft Ludwigs ist von kriegerischen Auseinandersetzungen gekennzeichnet. Um die Erbregelung bei der Nachfolge in der Landgrafschaft Hessen-Marburg wird 50 Jahre mit Kassel gestritten. Später sucht der 30-jährige Krieg das Land heim. Während dieses Krieges erwirbt sich Ludwig den Beinamen »der Getreue«, weil er als protestantischer Herrscher (lutherisches Bekenntnis seit 1526) zum katholischen Kaiser hält. Diese Politik wird auch unter seinem Nachfolger Georg II. fortgesetzt.

Die Stadt hat im Verlauf des Krieges unter Einquartierungen und Plünderungen der protestantischen und der katholischen Seite zu leiden. Am schlimmsten wird die Stadt aber von der Pest getroffen, ca. 3.000 Menschen fallen der Seuche zum Opfer, sowohl Einwohner als auch Flüchtlinge aus dem Umland. Alleine 1635 sterben 2.000 Menschen. Für die Stadt bedeutet dies einen Rückgang der Einwohnerzahlen um über 50%. Im Jahr 1619 verzeichnet die Stadt 2.400 Einwohner, 1636 sind es noch 1.100.

Es dauert mehrere Jahrzehnte, bis die Stadt insbesondere durch Zuwanderungen wieder ihre alte Größe erreicht.

Ein wichtiges Ereignis ist die von Ludwig geplante und unter Georg II. ausgeführte Errichtung des Alten Pädagogs. Hier befindet sich die erste Lateinschule der Stadt, die auf den Besuch der Landesuniversität vorbereiten soll. Das Gebäude befindet sich in der heutigen Pädagogstraße westlich der Stadtkirche. Diese Darmstädter Institution besteht in veränderter Form noch heute. 1832 wird das Pädagog zu Ehren seiner Gründer bzw. Planer in Ludwig-Georg-Gymnasium umbenannt und befindet sich heute noch am Kapellplatz, nur einen Steinwurf entfernt. Im Jahr 1661 folgt Ludwig VI. seinem Vater auf den

Schlosspforte mit altem Marktplatz

Thron, seine Regierungsjahre bis zum Tod 1678 sind frei von größeren kriegerischen Auseinandersetzungen. Er kann sich deshalb auf Aufbau und Verwaltung seines Landes konzentrieren. Darüber hinaus liegen ihm Wissenschaft und Kunst sehr am Herzen, er begründet die Hofbibliothek und verfasst eine Psalmenübersetzung. Seine bis heute nachklingendste Tat ist die Einrichtung des Glockenspiels im Schloss. Es wurde Ende 1671 in Betrieb genommen und zählt damit deutschlandweit zu den ältesten Glockenspielen.

Nach dem Wunsch seines Stifters sollte es stündlich geistliche Lieder spielen und damit »...das Lob des Allmächtigen verkünden«. Während des Spiels musste das Läuten aller anderen Glocken unterbleiben. Als praktische Ergänzung setzte das Glockenspiel die Zeit, nach der sich alle anderen Uhren der Stadt zu richten hatten. Eine weitere wichtige Neuerung im Leben der Stadt stellt der Umbau des alten Reithauses zum Theater der Residenz dar. Der Ausgangspunkt für die lebendige Darmstädter Theaterkultur der nächsten drei Jahrhunderte ist gesetzt. Hofkapellmeister wird der Komponist Carl Wolfgang Briegel, der die Oper in Darmstadt einführt. Bis zur Zerstörung 1944 bleibt die Reithalle mit verschiedenen Umbauten und Unterbrechungen Spielstätte. Der Bau befand sich östlich des Moller'schen

Theaters, heute steht dort das Audi-max und die Verwaltung der Technischen Universität.

Im April 1678 stirbt Ludwig VI., nur vier Monate später auch sein Sohn Ludwig VII. Die zweite Frau Ludwig VI., Elisabeth Dorothea, tritt eine zehn Jahre dauernde Regentschaft für ihren minderjährigen Sohn Ernst Ludwig an. Dieser übernimmt 1688 die Regierungsgeschäfte und wird 51 Jahre herrschen. Wie überall in Europa orientiert man sich an Frankreich, der Absolutismus hält Einzug. Damit einher geht ein großes Bedürfnis an Bauten, die die Stellung ihrer Auftraggeber nach außen repräsentieren sollen. Diese Entwicklung findet auch in Darmstadt ihren Niederschlag, vor allem beim Schlossausbau. Nachdem 1715 der zum Marktplatz gelegene Teil des Schlosses, der Kanzleibau, abbrennt, wird der französische Architekt Louis Remy de la Fosse für die Umgestaltung gewonnen. Neben dem Schlossausbau ist er auch verantwortlich für den Entwurf der Bessunger Orangerie und des Prettlack'schen Gartenhauses im Prinz-Georgs-Garten.

Die Bauten verschlingen so große Summen, dass sie nur teilweise ausgeführt werden können. Teile des Schlosses bleiben über Jahrzehnte im Rohbau stehen, nur eines der beiden geplanten Orangeriegebäude kann vollendet werden.

Auch der Stadtausbau schreitet voran, obwohl die Einwohnerzahlen noch nicht wieder den Stand wie zu Beginn des 17. Jahrhunderts erreicht haben. Von 1696–1727 wird die neue Vorstadt auf dem Gelände zwischen Schloss und Luisenplatz errichtet. Nördlich wird sie von der heutigen Bleichstraße, südlich von der Elisabethenstraße begrenzt. Höhepunkt für das kulturelle Leben Darmstadts wird die Verpflichtung des noch heute bekannten Opernkomponisten Christoph Graupner (1683–1760). Aber auch auf dessen Wirken in Darmstadt hat die Geldnot ihre Auswirkungen. Als die Oper eingestellt und der Großteil der Hofkapelle entlassen werden muss, verlegt er sich auf Komposition von Kirchenmusik und schafft über viele Jahre hinweg für jeden Sonntagsgottesdienst eine neue Kantate.

Unter den beiden folgenden Landgrafen kommt es zu keinen großen Veränderungen. Ludwig VIII. (1739–68) ist vor allem für seine Jagdleidenschaft berühmt und berüchtigt. Die Landbevölkerung hat stark darunter zu leiden, wenn große Reitergruppen mit ihren Hundemeuten über die Felder jagen.

Sein Sohn Ludwig IX. wird als der Soldatenlandgraf bekannt. Er kämpft lange in preußischen Diensten und verweilt, sowohl vor als auch nach der Regierungsübernahme, selten in Darmstadt. Er verbringt seine Zeit hauptsächlich in Pirmasens, das er ausbauen lässt, um seine Soldaten zu trainieren. In Darmstadt regiert in Vertretung seine Frau, die große Landgräfin Karoline (1721–1774). Sie

Museum und Moller'sches Hoftheater

Nach dem Tod seiner Frau hält sich Ludwig IX. kaum in Darmstadt auf. Anfallende Aufgaben werden von Familienmitgliedern erledigt, bis 1790 sein Sohn, Ludwig X., die Regierungsgeschäfte übernimmt. Unter seiner Herrschaft nimmt Darmstadt eine positive Entwicklung, die hauptsächlich mit den Gebietsverschiebungen der napoleonischen Kriege zusammenhängt. 1803 fallen der Landgrafschaft mit dem Reichsdeputationshauptschluss verschiedene säkularisierte Gebiete zu. 1806 tritt Ludwig auf französischen Druck hin dem Rheinbund bei. Das Engagement wird mit der Erhebung zum Großherzogtum belohnt. In der Folge kämpfen die großherzoglichen Truppen zuerst auf der Seite Napoleons, später gegen ihn. An die zahlreichen Gefallenen erinnert das Denkmal im nordwestlichen Abschnitt des Herrngartens, der sogenannte Riwwelmatthes. Es gelingt dem neuen Großherzog Ludwig I. von Hessen und bei Rhein die finanzielle Situation durch die Erweiterungen zum Positiven zu wenden.

Die Entwicklung der Einwohnerzahlen schreitet ständig voran und der 1810 berufene Oberbaudirektor Georg Moller (1784–1852) trägt dieser Entwicklung durch die Planung der neuen Vorstadt ab 1811 Rechnung. Dieses großzügig angelegte Stadtviertel südlich und westlich des Luisenplatzes sollte sowohl die steigende Anzahl an Beamten aufnehmen können als auch Raum für Handel und

unterhält Brieffreundschaften mit Voltaire und Friedrich dem Großen. In Darmstadt steht sie dem »Kreis der Empfindsamen« vor, dem unter anderen Goethe, Herder, Klopstock und Wieland angehören. Eine Besonderheit ist, dass sich das Grab der Landgräfin nicht wie üblich in der Fürstengruft, sondern auf eigenen Wunsch im Herrngarten befindet. Um die zerrütteten Staatsfinanzen in Ordnung zu bringen, wird noch unter der Mitwirkung der Landgräfin im Jahr 1772 Friedrich Karl Moser zum leitenden Minister ernannt. Der Stabilisierungsversuch misslingt jedoch und als einzig bleibende Erinnerung an Mosers Ministerzeit bleibt der von ihm in Auftrag gegebene heutige Prinz-Emil-Garten.

Gewerbe bieten. Bis auf die von Moller verwirklichten Straßenverläufe ist fast nichts von diesem Viertel über die Zerstörung der Luftangriffe gerettet worden. Moller prägte die Stadt aber nicht nur durch die Anlage des neuen Viertels, in dem er viele Häuser gestaltete, sondern auch durch mehrere einzelne Gebäude, die das Gesicht der Stadt bis heute bestimmen. Hierzu zählt das heute Haus der Geschichte genannte Hoftheater (1818–19) und die St.-Ludwig-Kirche. Sie war der erste katholische Kirchenbau in Darmstadt nach der Reformation, nachdem erst 1790 der katholische Gottesdienst durch den neuen Landgrafen wieder zugelassen wurde. Von 1822–27 wurde der Kirchenbau mit großer finanzieller Unterstützung des Großherzogs, auf einem von ihm zur Verfügung gestellten Grundstück, verwirklicht. Auch das Wahrzeichen der Stadtmitte, der Lange Ludwig, geht auf einen Entwurf von Moller zurück. Die 33 m hohe Säule wurde 1842–44 errichtet. Sie trägt eine sechs Meter hohe, von Ludwig Schwanthaler geschaffene Figur Ludwigs I., die in der Rechten die Verfassungsurkunde hält. Dies soll an die landständische Verfassung erinnern, die 1820 in Hessen-Darmstadt eingeführt wurde. Nachdem 1830 Ludwig II. den großherzoglichen Thron bestiegen hatte, wurde die Kritik, die unter seinem Vater noch sehr verhalten war, immer stärker. Literarisches Beispiel dieser Kritik ist der von dem Studenten Georg Büchner und dem Butzbacher Pfarrer Friedrich Weidig anonym verfasste »Hessische Landbote« mit dem berühmten Eingangssatz »Friede den Hütten! Krieg den Palästen!« Georg Büchner konnte der Verfolgung nach Frankreich entfliehen, Friedrich Weidig wurde verhaftet und starb nach zweijähriger Haft aus ungeklärten Umständen.

Auch der von Ernst Elias Niebergall 1841 in Mundart verfasste »Datterich« setzt sich kritisch mit der politischen Enge und spießbürgerlichen Gesinnung der Residenzstadt auseinander. Allerdings gelingt ihm dies in einer humorvollen und subtilen Art, die das Stück nicht nur in die Literaturgeschichte eingehen lässt, sondern auch bis heute zu dem Darmstädter Volksstück macht.

Im Revolutionsjahr 1848 werden die Spannungen auch in Darmstadt so groß, dass Ludwig kurz vor seinem Tod den Sohn zum Mitregenten machen muss, um die Lage zu beruhigen. Heinrich von Gagern wird leitender Minister und den Forderungen nach Presse- und Versammlungsfreiheit, direkten Wahlen und Justizreform wird nachgegeben. Nachdem sich die hochgesteckten Erwartungen an die Revolution nicht erfüllen und man in ganz Deutschland zur Tagesordnung der Monarchie zurückkehrt, steht die zweite Hälfte des Jahrhunderts in Darmstadt im Zeichen der Industrialisierung. Im Jahre 1846 wird am Steubenplatz der erste Bahnhof errichtet und die Main-Neckar-Bahn nach Heidelberg nimmt ihren Betrieb auf. Damit ist der Grundstein gelegt, dass Darmstadt als industrieller Spätentwickler den Anschluss an andere Regionen finden kann. Motoren der industriellen Entwicklung sind die 1851 als »Gandenberger'sche Maschinenfabrik« gegründete Firma Goebel und die Maschinenfabrikanten Blumenthal, die auch für den Ausbau des Darmstädter Nordwestens verantwortlich sind (Blumenthal- bzw. Johannesviertel). Nicht zu vergessen ist der heutige Weltkonzern, der auf einen Familienbetrieb, die Engelapotheke, zurückgeht, die Chemiefabrik Merck, die damals noch in der Innenstadt lag und nach ihrem Umzug auf das heutige Gelände schließlich den Platz für das Zentralbad räumt. Wichtig für die Entwicklung Darmstadts ist auch die 1826 gegründete Real- und technische Schule. Sie ist der Ausgangspunkt für die Entwicklung zur 1877 gegründeten Technischen Universität. Diese entwickelt sich schnell, vor allem im elektrotechnischen Bereich. 1882 wird hier mit Dr. Erasmus Kittler der erste ordentliche Lehrstuhl für Elektrotechnik im deutschsprachigen Raum besetzt. Durch das wirtschaftliche Wachstum und die Eingemeindung Bessungens (1888) erreicht Darmstadt bis zum Ende des Jahrhunderts eine Einwohnerzahl von mehr als 70.000 Bürgern.

Die für Darmstadt kulturell produktivste Phase beginnt 1892 mit der Regierungsübernahme durch Großherzog Ernst Ludwig. Er regiert bis 1918 und ist damit Darmstadts letzter fürstlicher Herrscher. Bei der Amtsübernahme ist er nur 24 Jahre alt, und von Anfang an zeichnet er sich durch seine Nähe zu Kunst und Musik aus. Das Theater, vor allem die Oper, erleben einen große Aufschwung, das Landesmuseum wird errichtet. Der Großherzog nimmt direkten Einfluß auf die Gestaltung des Museums, nicht nur ein repräsentativer Bau, sondern auch die optimale Präsentation der Sammlung sind ihm wichtig.

Das mit Abstand größte Projekt Ernst Ludwigs ist die Verwirklichung der Künstlerkolonie auf der Mathildenhöhe. Rund um die 1899 für die Zarenfamilie errichtete Kapelle, der letzte russische Zar ist ein Schwager des Großherzogs, entsteht ein unvergleichliches Jugendstil-Ensemble. Die erste vielbeachtete Ausstellung auf der Mathildenhöhe findet 1901 statt, weitere folgen 1904, 1908 und 1914. Der Anspruch, der dabei verwirklicht werden sollte, war die Durchdringung des Alltags durch die Kunst. Die Kunst sollte ihren Elfenbeinturm verlassen und positiv auf die Alltagskultur wirken. Neben der Kunst wurde immer auch ihre Umsetzung in Architektur und Handwerk bedacht. So wurde zum Beispiel für die Ausstellung von 1908 eine kleine Siedlung von Musterhäusern inklusive Mobiliar erstellt, die auf gestalterisch hohem Niveau preiswerten Wohnraum für Arbeiterfamilien bieten sollten.

Historische Stadtansicht mit Schloss und Luisenplatz

Die wichtigsten Gebäude sind das Atelierhaus der Künstler, das Ernst-Ludwig-Haus, und die für die dritte Ausstellung erbauten Ausstellungsgebäude mit dem benachbarten Hochzeitsturm, dem neuen Wahrzeichen der Stadt. Der Turm war ein symbolisches Geschenk der Bürger an ihren Großherzog zu dessen zweiter Heirat 1905. Heute befindet sich in den schön ausgestalteten Räumen eine Außenstelle des Standesamts. Mit der vierten Ausstellung, die zu Beginn des Ersten Weltkriegs abgebrochen wurde, geht die Künstlerkolonie ihrem Ende entgegen. Weitere bedeutende Bauten des Jugendstils sind neben einzelnen Wohnhäusern das 1909 eingeweihte Hallenbad von August Buxbaum und der Hauptbahnhof von Johann Friedrich Pützer. 1918 dankt der Großherzog ab, Darmstadt wird die Hauptstadt des Volksstaates Hessen. Die Bedeutung der Stadt geht in den Folgejahren zurück, obwohl es durchaus kulturelle Höhepunkte gibt. 1919 wird die Darmstädter Sezession gegründet, Mitglieder sind unter anderen Max Beckmann, Ludwig Meidner und Kasimir Edschmid. Die Künstler haben sich mit dieser Gründung nach eigener Aussage das Ziel gesetzt »...Sammelpunkt radikaler künstlerischer Bestrebungen...« zu sein.

Durch moderne Inszenierungen gelingt es dem Theater sich einen nationalen Ruf zu erarbeiten. Besonderheiten sind die Uraufführungen von »Leonce und Lena« und »Woyzeck« in der Heimatstadt Georg Büchners.

Die gesamte Zeit bis zur Machtübernahme durch die Nationalsozialisten im Januar 1933 ist durch die wirtschaftlich schwierige Lage geprägt. Die Stadt versucht den Wohnraummangel, der durch Flüchtlingszuzug und rückkehrende Soldaten entstanden ist, durch verschiedene Wohnungsbauprogramme zu entschärfen. Bis 1930 steigt die Arbeitslosenzahl, bei einer Einwohnerzahl, die noch unter 100.000 liegt, auf 21.000 an.

Seit 1929 ist die NSDAP in der Stadtverordnetenversammlung vertreten, 1931 zieht sie auch in den hessischen Landtag ein. Der Stimmenanteil wird bei allen Wahlen bis 1933 immer über 40% liegen, bei der ersten Reichstagswahl nach der Machtergreifung am 5.3.1933 liegt der Stimmenanteil genau bei 50%. Nach der Gleichschaltung werden nun auch Darmstädter Politiker abgesetzt und zum Teil in Konzentrationslagern inhaftiert. SPD-Oberbürgermeister Dr. Heinrich Müller, der ehemalige hessische Innenminister Wilhelm Leuschner, Carlo Mierendorff und Ludwig Schwamb zählen zu den Inhaftierten. Leuschner und Schwamb wurden als Mitglieder des Widerstands ermordet, Mierendorff kam während eines Luftangriffs ums Leben.

1933 kam es auch zu ersten Boykottaktionen gegen Geschäfte jüdischer Mitbürger, 1936 zu Zwangsverkäufen im Rahmen der sogenannten Arisierung. So wird zum Beispiel aus dem »Warenhaus Gebr. Rothschild« das »Textilhaus Henschel & Ropertz«.

1938 werden in der Reichspogromnacht drei Darmstädter Synagogen zerstört, in der Bleichstraße, der Fuchsstraße und in Eberstadt, welches 1937 zusammen mit Arheilgen eingegliedert wurde, um Darmstadt zur Großstadt zu machen. An allen drei Plätzen befinden sich heute Gedenksteine, die Gedenkstätte an der Bleichstraße ist im Augenblick jedoch durch die Erweiterungsbauten des Klinikums stark beeinträchtigt. Bis 1943 werden in mehreren Transporten die Darmstädter Juden in die Konzentrationslager verschleppt und größtenteils ermordet. Im Jahr 1943 erlebt Darmstadt auch den ersten großen Luftangriff am 23. September. Knapp ein Jahr später, in der Nacht vom 11./12. September, wird die Innenstadt fast völlig zerstört, zwischen 11–12.000 Einwohner werden getötet, mehr als 70.000 obdachlos. Nach dem Krieg kann nur ein geringer Prozentsatz der zerstörten Bauten wieder originalgetreu hergestellt werden. Von vielen der historisch interessanten Gebäuden wie dem Landtag, dem neuen Palais und von der gesamten Altstadt bleiben nur Fotografien und Erinnerungen.

Am 23. März 1945 wird die Stadt von amerikanischen Truppen besetzt und der Zweite Weltkrieg ist für sie vorbei. Als erster Oberbürgermeister wird Ludwig Metzger von den Amerikanern eingesetzt. Bevor er 1951 als Minister in die hessische Landesregierung wechselt, gibt er viele

Impulse für den Wiederaufbau der Stadt. Eine der Aufgaben ist es, nachdem Wiesbaden Landeshauptstadt geworden ist, der Stadt einen Ausgleich für den Verlust an Bedeutung zu schaffen. Dies gelingt durch wichtige kulturelle Impulse. Das Theater erarbeitet sich in seiner Behelfsunterkunft in der Orangerie ab 1946 schnell einen nationalen und internationalen Ruf. Die »Ferienkurse für Neue Musik« werden 1946 gegründet und 1951 finden das neu gegründete PEN-Zentrum und die »Deutsche Akademie für Sprache und Dichtung« ihre Heimat in Darmstadt. Neben dem kulturellen und architektonischen Wiederaufbau gibt es in der Stadt intensive Bemühungen zur Ansiedlung neuer Industrien in Darmstadt. Unter dem Schlagwort »rauchlose Industrie« werden eine große Anzahl von Verlagen und drucktechnischen Betrieben für Darmstadt gewonnen. Auch die späteren Ansiedlungen folgen dieser rauchlosen Tradition. Beispiele sind die ESOC (Europäisches Operationszentrum für Weltraumforschung) und die EUMETSAT (Europäische Organisation für meteorologische Satelliten), die Darmstadt zum europäischen Weltraumzentrum machen. Auch Softwareentwicklung und Einrichtungen von Post und Telekom sind stark vertreten. Auf wissenschaftlichem Gebiet bilden, neben der großen Universität und den Fachhochschulen, das »Fraunhofer Institut für graphische Datenverarbeitung«

und die »Gesellschaft für Schwerionenforschung« die Highlights. Die große Anzahl der hochkarätigen Einrichtungen führt dazu, dass Darmstadt sich seit 1997 mit dem Titel »Wissenschaftsstadt« schmücken darf. Weiterhin trägt Darmstadt seit 1975 die Auszeichnung »Europastadt«. Für die Pflege des Europagedankens stehen Kontakte zu 15 Schwesterstädten von Spanien bis in die Ukraine und von Norwegen bis Italien.

Neben der wirtschaftlichen Entwicklung bleibt Darmstadt auch auf kulturellem Gebiet eine starke und vielfältig orientierte Stadt, die neben den lebendigen Traditionen immer auch einen Blick für neue Entwicklungen hat. Dies zeigt der Neubau des Staatstheaters mit seinem eigenen Schwerpunkt Tanztheater ebenso wie der Wiederaufbau der Hoftheaterruine mit seiner neuen Nutzung durch die Archive. Aber auch die Centralstation mit ihrem umfangreichen Programm und das Hundertwasserhaus sind Belege dafür. Natürlich darf in dieser Aufzählung auch das größte Kapital Darmstadts nicht fehlen, die Mathildenhöhe mit ihren vielfältigen Einrichtungen. Angefangen bei dem Jugendstilmuseum über das Designzentrum Hessen und das Deutsche Polen-Institut bis hin zur Deutschen Akademie für Sprache und Dichtung und dem Institut Mathildenhöhe. All diese Institutionen tragen dazu bei, dass in Darmstadt Zukunft vielfältig gestaltet werden kann.

Darmstädter Mundartstück

Der Datterich

DATTERICH · Wie ich hihkam, sitzt er in seim blimmige Schloofrock uf
seim Kanebee un lutscht Kaffee. Ich guk-der'n Ihne oh, es wor e wid-
derwertiger Mensch, un so derr, daß e Gaas zwische die Herner hett
kisse kenne. »Wer sind Sie?« frehkt er mich. Jetzt konnt ich awwer mein
innerliche Gram net mehr zurickhalte. »Ich schreib mich Datterich un
verlang Rechenschaft von Ihne iwwer mei gestehrt Läwensglick!« haw-
ich gesagt un haw-en mit eme dorch-bohrende Blick ohgeguckt. (Er
springt im Affekt auf.) Mei Herr Baron hot e Gesicht gemacht, so lang!
»Was scheer ich mich um Ihne Ihr Läwensglick«, sehkt er iwwer e Weil-
che un steit uf. »Awwer ich scheer mich drum, Sie Donnerwedda!«
kreisch ich un sterz uf en zu, da hot er awwer schon die Klingel gehatt
und hot droh gerisse, daß die Kordel abgeplatzt is. Des war sei Glick. »Ich
will Ihne nix Beeses winsche«, sagt' ich, »awwer des Gewidda muß Ihne
uf de Kopp fahrn!« Ich geh fort – uf de Drepp sinn mer vier Bediente be-
gäjent un sinn all zurückgehuft, so schreckhaft haw-ich ausgesähe.

SCHMIDT · Des haaßt mer Korahsch.

DATTERICH · Ja, die besitz ich in eme hohe Grad. Gewwe-Se nor Acht,
wie's weiter geht. Ich schick-der Ihne en gute Freind noch deselwige
Daag in mein Drauwe und laß meim Bareenche sage, es sollt de dritte

Daag an die Balleseich komme – dort wollte mer uns dreffe. Ich schieß-
der Ihne nu, wie der Deiwel, misse-Se wisse; ich schieß-der Ihne e nas-
sauisch Sechskreizerstick uf sechzig Gäng aus dem Maul, ohne daß ich
Ihne de Mund verletz, wann's nor soviel erausguckt – nächstens wolle
mer die Brohb mache.

SCHMIDT · Ich bin's aach so iwwerzeigt.

DATTERICH · Also haw-ich mich vor meim Mann net gefercht. Der
Daag kam; – er denkt mer mei Lebdaag: – es war grad Freidaag un die
Judde hatte Lawerhitte: – un richtig, mei Baron kimmt ohgestoche mit
noch eme Annere in Unneform.

SCHMIDT · No?

DATTERICH · (langsam, stößt sein Glas kräftig auf). Mer schieße uns!
Er hat de erschte Schuß. Batschdich peift mer sei Kuchel am Backebord
vabei. Der Kerl macht kahn Spaß, dacht' ich bei mer selbst, du willst-em
uf de Belz brenne« daß de'n los bist. Ich leg-der Ihne oh. –

SCHMIDT · Dem mog des Herz gekloppt howwe!

DATTERICH · Ob's em gekloppt hot! Mei Bareenche macht sich-der
ganz klah, un so schmaal, so schmaal, er wehr Ihne dorch e Stopp-
nadelsohr gange. – Jetz how-ich en uf dem Korn – er war valohrn sei
Gesicht wor wie Keesmadde –

SCHMIDT · In Dem seiner Haut hett ich net stäcke mehje –

DATTERICH · Glaab's Ihne ohne geschworn. Awwer, basse-Se Acht, es
sollt net so komme. Wie ich-der alleweil losdricke will, setzt sich-der so
e Schmaaßmick, so ahner von dene dicke, blaue Schmaaßert, graad uf
mei Visier un butzt sich ganz bumadig die Fihß. Ich schittel – des Oos
bleibt sitze; – mei Gäjesekendant kreischt: »Schieße-Se doch, mein Herr,
un zittern-Se net so!« – vastehn-Se« er hat geglahbt, ich deht zittern, weil
ich die Oosemick erunner schittele wollt – »Ich zittre nie, Sie Dunner-
wedda! es is nor e Schmaaßmickl« kreisch ich-em zu, un drick los –
un dreff nix! (Faßt Schmidt beim Arm) un dreff nix!!

SCHMIDT · Ja so e Schmaaßert! – Mer sollt's net denke.

DATTERICH · Sie hawwe Glick, sagt' ich; der Schmaaßert wor Ihne ihr
Schutzengel. Jetz hat er widder de Schuß. Ich denk: adjeh Battie, un
nemm mer vor, de Kerl gewiß net zu fehle, wann ich noch emol uf-en
feiern deht; dann, des wußt ich, bei dem Racker hengt des Läwe an eme
Zwernsfaden – do knallt's un ich lei uf de Erd un hehr nor noch, wie mei
Gäjemann sehgt, der hot de Krach ohne Dokder. (…)

Ein Spaziergang durch die Stadtgeschichte

Vom Weißen Turm am Schloss vorbei bis zum Pädagog führt ein Rundgang durch 500 Jahre Stadtgeschichte. Als Ausgangspunkt dieses Spaziergangs, der fast immer durch die ältesten Bezirke verläuft, bietet sich der Weiße Turm an.

Der **Weiße Turm**, ein alter Wehrturm aus dem 15. Jahrhundert, liegt gegenüber dem Schloss, zwischen dem Kaufhaus Henschel & Ropertz und dem Kaufhof. Er bildete den nordwestlichen Abschluss der Stadtmauer. Einen Hinweis auf seine ursprüngliche Funktion gibt die Dimension seiner Mauern, auf Eingangshöhe sind sie mehr als 1,5 m dick. Das Aussehen des Turms hat sich mit der Zeit gewandelt. In seiner ursprünglichen Form war der Turm nur durch ein Dach aus Zeltplanen gegen die Witterung geschützt. Das Haubendach in seiner heutigen Gestaltung erhielt der Turm erst 1706, als er auch um ein Stockwerk aufgestockt wurde. Der Keller wurde zeitweise als Gefängnis benutzt, nachdem er endgültig seine Funktion verloren hatte, stand der Turm mehrmals kurz vor dem Abriss.

Das letzte Mal entging er diesem Schicksal nach dem Zweiten Weltkrieg. Das Bauwerk war bis auf die Außenmauern zerstört und die Stadt hätte ihn gerne beseitigt. Rettung brachte das Land Hessen, das dem Abriss seines Eigentums nicht zustimmte. So wurde er 1954 wieder aufgebaut und dabei noch einmal um ein Stockwerk erhöht. Nachdem der Turm lange nicht genutzt wurde, hat es sich seit mehreren Jahren der »Freundeskreis Weißer Turm e.V.« zur Aufgabe gemacht, für seine Pflege zu sorgen und ihn mit Leben zu füllen. Unter anderem werden Ausstellungen organisiert und Lesungen veranstaltet. 2002 ist der Turm aus dem Besitz des Landes Hessen an die Stadt übergegangen. Wendet man sich in Richtung **Schloss**, so schaut man auf den Friedensplatz mit der Reiterstatue Großherzog Ludwigs IV., dargestellt als Truppenführer im Krieg gegen Frankreich 1870/71. Dem ehemaligen Wassergraben Richtung Haus der Geschichte und Universität folgend, gelangt man in die älteren Bereiche des Schlosses. Der Bau geht auf eine Wasserburg zurück, die schon vor der Erteilung der Stadtrechte gebaut wurde, um den Ort zu schützen. Von dieser ursprünglichen Bebauung ist heute nichts mehr erhalten, der Verlauf des Schlossgrabens im nördlichen Abschnitt orientiert sich aber am ursprünglichen Verlauf. Der Wassergraben des Schlosses wurde erst 1814 trocken gelegt. Der Durchgang im Brückenhaus, erbaut 1627, markiert den Eingang zum ersten Hof der Schlossanlage. Zu beachten sind die schönen Wappenschilde über dem Eingang. Auf der rechten Hofseite befinden sich die zwei ältesten Bauten, der **Herrenbau** und der **Weiße-Saal-Bau**. Beide stammen noch aus der Zeit der Grafen von Katzenelnbogen von vor 1500. Geradeaus schaut man auf den **Kaiserbau**, links auf den **Kirchenbau**. Erbaut wurden beide zwischen 1595 und 97. Das Portal der Schlosskirche wurde Anfang des 18. Jahrhunderts von Louis Remy de la Fosse neu gestaltet. Der Durchgang im Kaiserbau führt in den **Glockenhof**. Der am östlichen Ende des Hofs gelegene **Glockenbau** wurde 1663–71 von Johann Wilhelm Pfannmüller ausgeführt. Er wurde für Ludwig VI. gebaut, dessen große Familie nicht mehr ausreichend Platz im **Herrenbau** fand. Seit 1671 trägt der Turm des Glockenbaus das **Glockenspiel**, eines der ersten im deutschsprachigen Raum. Glocken und Mechanik wurden beim Luftangriff 1944 völlig zerstört, sind heute jedoch durch Spenden und Neukäufe ersetzt. Das Glockenspiel kann von Hand gespielt werden, der alltägliche Betrieb wird über Computer gesteuert. Im Süden erhebt sich das barocke **Neuschloss**, geplant von Louis Remy de la Fosse. Der Neubau wurde nach dem Schlossbrand von 1715 in Angriff genommen, bei dem die damalige Marktfront abbrannte. Vom ursprünglichen Plan mit einem grossen Turm im Zentrum konnte wegen Geldmangels nur ein Teil ausgeführt werden. Selbst bei den ausgeführten Bauten blieben die Obergeschosse lange im Rohbauzustand, da das Geld zur Vollendung fehlte. Abgeschlossen wurden die Bauarbeiten 1808, die Hofbibliothek und die Kunstsammlung fanden hier ihren Platz. Ab 1820 waren diese der Öffentlichkeit zugänglich. Ein Modell, das die vollständige Planung des Neuschlosses zeigt, befindet sich im **Schlossmuseum**. Durch den **Prinz-Christians-Bau** im Westen gelangt man in den **Parforce-Hof**. Hier ist der Aufgang zur Bastion und der Westflügel des Neuschlosses. Neben dem Aufgang befindet sich der Eingang zum privaten **Kellerclub**, einem Treffpunkt für Künstler, Literaten und Originale. Der imposanteste Blick auf das Residenzschloss bietet sich, wenn man sich ihm vom Marktplatz aus nähert. Von hier aus kann man die komplette Südfassade des neuen Schlosses gut überblicken und die Schmuckelemente und Widmungen über dem Portal bewundern. Das

Schloss beherbergt heute neben dem Schlossmuseum Einrichtungen der **Technischen Universität** und die **Landes- und Hochschulbibliothek.** Im Durchgangsbereich zum Markt ist ein Polizeirevier untergebracht. Hier haben die von dem Bildhauer Johann Baptist Scholl d.J. geschaffenen mächtigen Sandsteinfiguren ihren Platz. An diesem Standort sind sie besser vor Witterungseinflüssen geschützt. Dieser Schutz ist zwar gelungen, stattdessen werden sie jetzt durch die Hinterlassenschaften der allgegenwärtigen Stadttauben bedroht. Durch das Marktportal kann man das Schloss verlassen und auf den Marktplatz gelangen. Dieser hat schon immer das Zentrum der Stadt gebildet, allerdings sind seine Dimensionen mehrfach verändert worden. Bis zur Zerstörung durch den großen Luftangriff vom 11./12.9.1944 erstreckte sich hinter dem Marktplatz nach Osten die Altstadt mit ihren verwinkelten Gassen. Nach der Stadterweiterung durch Moller und die Bebauung des Martins- und Johannesviertels wurde die Altstadt von den unteren sozialen Schichten, kleinen Handwerkern und Arbeitern bevölkert. An der Südseite des Ende der 90er Jahre einheitlich neugepflasterten Platzes befindet sich das **Alte Rathaus.** Dieser 1590 nach Plänen von Jakob Wustmann fertiggestellte Bau sollte nach der Erhebung Darmstadts zur landgräflichen Residenz das gestiegene Selbstbewusstsein der Stadt widerspiegeln. Bis zu

Stadtkirche und altes Rathaus

seiner Zerstörung 1944 wurde das Gebäude mehrmals durch Innenumbauten den veränderten Bedürfnissen angepasst. Nach dem Zweiten Weltkrieg wurde der Bau unter Verwendung alter Baumaterialien originalgetreu wiederhergestellt. Heute sitzt im Alten Rathaus das Standesamt und der Ratskeller mit eigener Brauerei.

Etwas weiter südlich ist die **Stadtkirche.** Erstmals erwähnt wird sie 1369, als sie unabhängige Pfarrkirche und damit eigenständig von der Gemeinde in Bessungen wird. Von dieser ersten Baustufe haben sich nur noch Mauerreste im Unterbau des Turms erhalten. Auch die Kirche ist, wie das Schloss, eine Ansammlung verschiedener Bauepochen. Der älteste Teil ist der Chor mit seinem Netzgewölbe, dieser Teil wurde auch während des Weltkriegs kaum beschädigt. Hier befindet sich das 9 m hohe Epitaph, das Georg I. nach dem Tod seiner ersten Frau in Auftrag gab. Es bildet die fürstliche Familie, eine große Auswahl von Wappenschilden und im Hintergrund Teile der Stadt ab.

Der Hauptraum stellt in seinen heutigen Ausmaßen den Zustand nach zwei Erweiterungsbauten (1678, 1843–45) dar. Allerdings wurde dieser Teil im Krieg stark zerstört und brannte völlig aus. Der Wiederaufbau orientiert sich zwar an den Originalen, aber vor allem im Dachbereich und bei der Gestaltung des Glockenturms wurden Änderungen vorgenommen. 1971 wurde der Auf- und Ausbau der Stadtkirche vollständig abgeschlossen. Hinter der Stadtkirche befindet sich die sogenannte »Piazza«. Dieser mit alten Brunnenschalen geschmückte und unter schattenspendenden Bäumen liegende Platz lädt im Sommer zum Verweilen in einem der Cafés ein. Hier lässt sich dann in Ruhe darüber philosophieren, dass der Platz unter den eigenen Füßen einst das Gelände des ältesten Darmstädter Friedhofs war. Durchquert man die Fußgängerunterführung an der Stadtkirche, gelangt man zum Justus-Liebig-Haus. Auf der rechten Seite des Platzes wurde zu Ehren der verschleppten und ermordeten Darmstädter Sinti, die in der Altstadt gelebt haben, ein Denkmal errichtet.

Das Justus-Liebig-Haus umfasst einen großen Veranstaltungsraum, Einrichtungen der Volkshochschule und die Kommunale Galerie. In einem modernen Anbau sitzt die Stadtbibliothek. Hinter dem Gebäude zwei mal links abbiegend, gelangt man zum Haupteingang des neuen Gebäudeteils. Dieser wirkt mit seiner offenen Glasfassade freundlicher und einladender als der alte Teil des Gebäudes. Auf dem Weg passiert man ein Denkmal, das an Justus Liebig und seinen Freund Heinrich Emanuel Merck erinnert. An dieser Stelle des Büchereineubaus befand sich ursprünglich das Geburtshaus Liebigs. Direkt vor dem Eingang der Bibliothek steht der bewegliche **Datterich-Brunnen** mit seinen typischen Figuren aus der Komödie Niebergalls und erinnert an Epochen einer in Vergessenheit geratenen Lebensart.

Wendet man sich von hier wieder Richtung Innenstadt, so kommt man

Zentralbad mit Jugendstillaterne

an der **Goldenen Krone** vorbei. Dies ist der Bau direkt rechts von der Rolltreppe. Das Gebäude wurde als einziges in der Innenstadt nicht zerstört, was zur Folge hatte, dass direkt nach Kriegsende die Amerikaner hier einzogen. In der »Krone« sollen schon Goethe und Napoleon übernachtet haben. Heute ist die Goldene Krone eine feste Größe in der (Jugend-) Kultur-Szene, die neben Disco und Kneipe auch ein Kino und Konzertsaal fasst. Geht man von der Stadtbibliothek stadtauswärts weiter, so kommt man nach wenigen Schritten am **Hinkelsturm** vorbei und überschreitet hier die alte Stadtgrenze. Der Hinkelsturm und die dazu gehörige Mauer sind Reste der ehemaligen Stadtbefestigung. Sie lassen sich auf die erste Hälfte des 14. Jahrhunderts datieren. Im renovierten Turm befindet sich ein kleines Altstadtmuseum. Hier kann man ein Modell der Altstadt besichtigen oder sich durch einen Videofilm informieren lassen. Außerdem kann man die Stadt von hier oben gut überblicken. Hinter der Stadtmauer auf der linken Seite liegt das Zentralbad, ein 1909 in Betrieb genommenes Hallenbad. Der Architekt war August Buxbaum. Die Gestaltung orientiert sich am Jugendstil. Der Bau ist nicht vollständig erhalten, die Außenwirkung wird vor allem durch das Fehlen der Turmhaube beeinträchtigt. Aufmerksamkeit verdienen die von Albinmüller gestalteten Jugendstillaternen vor dem

Das Alte Pädagog

Eingang. Wendet man sich nach Süden zur Mühlstraße und läuft diese entlang, so gelangt man zum **Kapellplatz**. Hier findet man die Ruine der Stadtkapelle, die als Mahnmal für die Opfer der Weltkriege gestaltet ist. Der Platz geht zurück auf die Anlage eines Friedhofs, der Ende des 16. Jahrhunderts errichtet wurde, um die Pesttoten aufzunehmen. 1601 wurde mit dem Bau der Kapelle begonnen. Der Friedhof wurde 1828 durch den Friedhof an der Nieder-Ramstädter-Straße abgelöst, der heute als »Alter Friedhof« bekannt ist. 1868 wurde die alte Kapelle abgerissen und durch einen neugotischen Bau ersetzt. Geht man zurück zur Pädagogstraße, sieht man auf der linken Seite den Turmbau des **Alten Pädagogs**. Das Pädagog wurde von 1627–29 erbaut und diente als

Schulbau für die erste Lateinschule mit vier Klassen. Hier wurden die Schüler der gesamten Obergrafschaft auf den Besuch der Landesuniversität in Gießen vorbereitet. Beispiele hierfür sind Georg Christoph Lichtenberg (1742–99), der große Aphoristiker und Naturwissenschaftler aus Ober-Ramstadt, Justus Liebig (1803–73), der geadelte Chemiker und Begründer der modernen Agrikulturchemie. Nicht zu vergessen sind natürlich auch die Dichter Georg Büchner (1813–37) und Ernst Elias Niebergall (1815–43), beide sehr jung verstorben, der eine gerade dabei, sich einen Namen als Mediziner zu machen, der andere tätig als Lehrer in Darmstadt. Aus dieser Gründung geht später das Ludwig-Georg-Gymnasium hervor, welches heute nur einen Steinwurf entfernt am Kapellplatz liegt. Im Erdgeschoss des Gebäudes war die Lehrerwohnung, in den Obergeschossen die Unterrichtsräume. Von 1934–44 befand sich hier das Stadtmuseum, dessen Bestände fast vollständig mit dem Gebäude zerstört wurden. Die Stadt verwirklichte den Wiederaufbau unterstützt durch eine Bürgerinitiative, abgeschlossen wurde er 1984. Als Ausklang des Rundgangs bietet sich ein Besuch des im Gewölbekeller gelegenen Bistro-Restaurants an. Hier kann man ab 18 Uhr bei französischer Küche in gemütlicher Atmosphäre entspannen. Man gelangt über die Pädagogstraße zum Cityring und somit in die Innenstadt zurück.

ADRESSEN

Schlossmuseum

Im Schloss/Marktplatz 15
Innenstadt
Tel.: 06151 · 24 03 5

Das Schlossmuseum ist jeweils montags bis donnerstags von 10–13 Uhr und von 14–17 Uhr geöffnet. Samstag und Sonntag von 10–13 Uhr.
Das Museum kann nur im Rahmen einer Führung besichtigt werden. Der Eintritt kostet 2,50 (1,50) Euro.

Weißer Turm

Ernst-Ludwig-Platz
Innenstadt
Tel.: 06151 · 37 25 25

Der Weiße Turm ist jeweils mittwochs von 15–19 Uhr und samstags von 11–16 Uhr geöffnet.
Der Eintritt kostet 1 Euro.

Altstadtmuseum Hinkelsturm

Lindenhofstraße
Innenstadt
Tel.. 06151 · 86 40

In den Sommermonaten ist der Hinkelsturm und die alte Stadtmauer Samstag und Sonntag von 14–16 Uhr zu besichtigen.
Der Eintritt kostet 1,50 (0,75) Euro.

DA·HIN

zieht es
Einheimische
und Besucher

Die Russische Kapelle auf
der Mathildenhöhe

Rund um den Luisenplatz: Darmstadts Zentrum

Der Luisenplatz, überragt von einem der Wahrzeichen, dem Langen Ludwig, ist Dreh- und Angelpunkt Darmstadts. Von der Autobahn kommend fährt man direkt auf die Innenstadt zu und kann schon von weitem das Denkmal für den Großherzog Ludewig I. erkennen.

Mit seinen rund 14.000 qm Fläche ist der **Luisenplatz** der zentrale Platz im Herzen Darmstadts, der durch seine Großzügigkeit und seine weiten Ausblicke gekennzeichnet ist. Er ist seit dem Jahr 1886 der zentrale Knotenpunkt der öffentlichen Verkehrsmittel. Hier verliefen 1886 die ersten Gleise der Dampfstraßenbahn, ab 1897 fuhr die erste elektrische Straßenbahn. Obwohl der Großteil der Bus- und Straßenbahnlinien hier Station machen, lädt der Platz zum Verweilen ein. Im Sommer stellen Cafés ihre Tische auf, während des Weinfestes stehen hier Imbissbuden und die wichtigen Spiele der Fußball-WM 2002 konnte man sich auf einer Großbildleinwand anschauen. Zu den verschiedensten Anlässen präsentieren Parteien, Vereine und Organisationen auf dem Platz ihre Programme. Denn jeder, der Darmstadts Innenstadt besucht, wird zwangsläufig den Luisenplatz streifen. Nicht umsonst gehören die Läden in unmittelbarer Nachbarschaft, vor allem im Luisencenter und im Carree, zu Darmstadts 1a-Einkaufslage. Aus diesem Grund haben sich hier insbesondere die großen und zum Teil internationalen Einzelhandelsketten niedergelassen.

Der Platz wurde 1791 geplant und war schon im Jahre 1804 vollständig bebaut. 1820 wurde er nach Luise (1761–1829), der Frau vom Großherzog Ludewig I. von Hessen und bei Rhein (1753–1830), benannt.

Bis auf die **Ludwigssäule**, den Langen Ludwig, wurden jedoch alle Gebäude während des Zweiten Weltkrieges zerstört. Die insgesamt 39 Meter hohe Säule im Zentrum des Platzes wurde zwischen 1841 und 1844 zu Ehren des Großherzogs Ludewig I. von Georg Moller (1784–1852) gebaut. Ludewig I. wurde als Förderer der Kunst und der Wissenschaft geschätzt und von seinem Volk für sein Engagement verehrt.

Dies zeigt auch die Inschrift auf der Vorderseite des Postaments: »Ludewig dem Ersten, sein dankbares Volk«. Die sechs Meter hohe und 108 Zentner schwere, aus Kanonenmaterial gegossene Statue zeigt den Großherzog, der auf sein Volk herabschaut. Die Figur wurde von Ludwig Schwanthaler gefertigt. Jeden ersten Samstag im Monat ist die Plattform der Säule für Besucher geöffnet.

Die beiden **Brunnenschalen**, von denen sich die erste vor dem Luisencenter und die zweite vor dem Kollegiengebäude befindet, erinnern an die große Zeit Darmstadts zu Beginn des zwanzigsten Jahrhunderts. Sie wurden von dem berühmten Jugendstilkünstler Josef Maria Olbrich entworfen.

Außerdem befindet sich auf dem Luisenplatz das von Heinrich Jobst im Jahr 1913 geschaffene Liebig-Denkmal. Justus Liebig (1803–1873) ist einer der bekanntesten Darmstädter, Professor der Chemie, Begründer der modernen Agrikulturchemie und Entdecker des Chloroforms.

Nach der Zerstörung aller Gebäude rund um den Luisenplatz im Zweiten Weltkrieg wurde nur ein Gebäude, das **Kollegiengebäude** gegenüber dem Luisencenter, originalgetreu wiederhergestellt. Das ursprüngliche Gebäude entstand zwischen 1778 und 1781 als Sitz der Ministerien. 1825 wurde es von Georg Moller um das Neue Kanzleigebäude auf der Rückseite mit Blick zum Mathildenplatz im klassizistischen Stil erweitert.

Der Lange Ludwig

Wo heute die Sparkasse steht, befand sich ursprünglich das **Mollersche Ständehaus**, in dem zwischen 1839 und 1933 das Hessische Parlament seinen Sitz hatte.

Das Luisencenter steht an dem Platz, den vormals das **Alte Palais** einnahm. Dieser Bau wurde zwischen

1803 und 1842 von Georg Moller im klassizistischen Stil errichtet und ebenfalls 1944 zerstört. Zwischen 1975 und 1977 wurde an dieser Stelle das Luisencenter gebaut. Es ist das bekannteste Einkaufszentrum der Stadt. Im Untergeschoss befinden sich Lebensmittelgeschäfte, im Erdgeschoss und im ersten Stock haben sich große Einzelhandelsketten angesiedelt. Von den Darmstädtern wurde der Komplex vor allem aufgrund seiner sehr massig und unfreundlich wirkenden Fassade immer kritisch betrachtet. Nachdem das Center rundum modernisiert und im Sommer 2002 wiedereröffnet wurde, wirkt es nun sowohl innen als auch nach außen heller und freundlicher.

Die neu errichteten Gebäude neben dem Luisencenter umschließen das sogenannte **Carree**, die neue Konkurrenz zum Luisencenter. In den oberen Stockwerken befinden sich seit der Eröffnung 1997 das neue Rathaus und städtische Ämter, in den unteren Etagen haben Restaurants und Geschäfte ihren Platz gefunden. Im Atrium des Carrees verbreiten Cafés in der warmen Jahreszeit südländisches Flair. An der Südseite des Platzes befinden sich die ehemaligen **Heag-Hallen**, die 1904/05 entstanden sind. Ursprünglich war in den Hallen das Kesselwerk und die Maschinenhalle des Darmstädter Elektrizitätswerkes. Sie wurden zur Markthalle mit zahlreichen Restaurants und kleinen Lebensmittelständen umfunktioniert.

Daneben steht die im Jahre 1888 errichtete **Centralstation** für elektrische Beleuchtung, in der heute das kulturelle Zentrum der Innenstadt, die gleichnamige Centralstation, ihren Platz gefunden hat. Neben Café- und Barbetrieb finden hier Konzerte sowie Lesungen, Ausstellungen und Veranstaltungen für die verschiedensten Geschmäcker und Ansprüche statt.

ÖFFNUNGSZEITEN

Der Großteil der Geschäfte im Luisencenter und im Carree sowie die Markthalle haben von Montag bis Freitag von 9.30 – 19.00 und samstags von 9.00 – 18.00 Uhr geöffnet.

Im Luisencenter befindet sich mit dem Ticket-Shop von ProRegio eine Anlaufstelle für all diejenigen, die auf der Suche nach aktuellen Informationen und Veranstaltungen sind. ProRegio organisiert auch Stadtführungen zu den verschiedensten Themen. Auskünfte erhalten Sie unter der Telefonnummer 06151·95 15 011.

Der Lange Ludwig ist von April bis Oktober jeden ersten Samstag im Monat tagsüber für die Öffentlichkeit zugänglich.

Rechte Seite:
Die Centralstation: Das neue kulturelle Zentrum der Innenstadt.

Theaterdomizile und Gotteshäuser rund um St. Ludwig

In unmittelbarer Nachbarschaft der prächtigen Kirche St. Ludwig befinden sich Darmstadts Synagoge und das Staatstheater sowie das Moller-Haus, in dem zahlreiche freie Theatergruppen ihre Theaterstücke aufführen.

Schon vom Luisenplatz aus kann man Darmstadts Käseglocke, wie sie im Volksmund genannt wird, erkennen: Die katholische Kirche **Sankt Ludwig** am **Wilhelminenplatz**. Großherzog Ludwig der I. (1777–1848) stellte den Platz, der bis dahin Sandwüste war, der katholischen Gemeinde zur Verfügung und unterstützte den Bau der ersten katholischen Kirche Darmstadts seit der Reformation. Ihm zu Ehren erhielt sie den Namen Sankt Ludwig. Baumeister war der in Darmstadt durch verschiedene Bauwerke in Erscheinung getretene Georg Moller, der sie zwischen 1822 und 1827 erbaute. Am 25. März 1827 konnte die Kirche eingeweiht werden. Als Vorbild für den klassizistischen Rundbau diente Moller das Pantheon in Rom, dessen Proportionen er übernahm, wobei er die Größe jedoch um

ein Fünftel reduzierte. Die Kuppel des faszinierenden Sakralraumes wird von 28 korinthischen Säulen von jeweils 15 Meter Höhe getragen und hat einen Durchmesser von 33 Metern. Die einzige natürliche Belichtung der Kirche erfolgt über einen gläsernen Kegel in der Mitte der Kuppel. In ihrem umlaufenden Säulengang befinden sich die beiden Gräber der Großherzogin Mathilde (1813–1862) und des Prinzen Friedrich von Hessen (1788–1867), welcher in Rom zum katholischen Glauben übergetreten war.

Vor der Kirche steht ein Obelisk, das **Alice-Denkmal**, das der gleichnamigen Großherzogin gewidmet ist. Alice (1843–1878), gebürtige Prinzessin von Großbritannien und Irland, heiratete im Jahr 1862 Großherzog Ludwig IV. von Hessen und bei Rhein (1837–1892). Das Denkmal, welches Ludwig Habich 1902 entwarf, wurde Alice als Dank für ihr Engagement in der Krankenpflege gewidmet. Auch die Errichtung des Parks Rosenhöhe ist auf ihr Wirken zurückzuführen.

Westlich des Wilhelminenplatzes befindet sich die **Georg-Büchner-An-**

lage, an deren Westende das 1972 erbaute Darmstädter **Staatstheater** steht. Bereits vom Wilhelminenplatz aus fallen die beiden Bühnentürme des sogenannten Großen und Kleinen Hauses unübersehbar ins Auge. Nach der Zerstörung des Mollerschen Hoftheaters, dem heutigen Haus der Geschichte, im September 1944 ist das Staatstheater der erste eigene Theaterbau Darmstadts. In der Zeit zwischen 1944 und 1972 wurde das Theater in die Bessunger Orangerie ausgelagert. Nachdem 1961 die Pläne für den Wiederaufbau des Mollerschen Hoftheaters verworfen wurden, schrieb man 1962 den Wettbewerb für einen Neubau des Theaters bundesweit aus. Den ersten Preis gewann ein Darmstädter, der Architekt Rudolf Prange. Nach insgesamt acht Jahren Bauzeit konnte 1972 der Spielbetrieb endlich aufgenommen werden. Mit dem Einzug in die großzügigen neuen Räumlichkeiten erhielt es die Bezeichnung Staatstheater und kann seitdem ein breites Publikum erreichen. Das Theater teilt sich in das Große Haus, das Kleine Haus, die Werkstattbühne und das Werkstattcafé. Im Großen Haus, in dem hauptsächlich Opern und Konzerte aufgeführt werden, finden 956 Personen Platz. Im Kleinen Haus, das Raum für 482 Personen bietet, hat das Schauspiel seinen Platz gefunden. In der Werkstattbühne mit insgesamt 99 Plätzen werden kleinere und oftmals experimentellere Produktionen sowie Lesungen und verschiedenste Themenabende angeboten. Zusätzlich zu den drei Bühnen bietet das Werkstattcafé Raum für kleinere Veranstaltungen. Dreißig Jahre nach der Einweihung des Theaters steht nun eine gründliche Sanierung an. Seit 2002 befindet sich das Theater im Umbau, der Spielbetrieb läuft jedoch weiter, wird aber teilweise auf andere Räumlichkeiten ausweichen müssen. Im Jahr 2006 sollen die Sanierungsarbeiten abgeschlossen sein.

Wendet man sich vom Theater kommend wieder der Georg-Büchner-Anlage zu, befindet sich rechter Hand das von Georg Moller errichtete und nach ihm benannte **Moller-Haus**. Von dem zwischen 1817 und 1818 entstandenen Gebäude für die Loge Johannes der Evangelist zur Eintracht ist heute nur noch der Portikus mit seinen sechs ionischen Säulen erhalten. Die Architekten des Neubaus waren Rolf Romero und Lothar Willius. Im Moller-Haus befindet sich heute das Theater Moller-Haus mit einer Bühne und Tagungsräumen, auch wird der Bau weiterhin durch die Freimaurerloge genutzt.

Kehrt man nun zum Wilhelminenplatz zurück und überquert diesen, so gelangt man in die Hölgesstraße. Die erste Querstraße ist die Wilhelm-Glässing-Straße, in der die neue **Synagoge** steht. Diese wurde am 11. November 1988, fünfzig Jahre nachdem in der Reichspogromnacht die Darmstädter Synagogen zerstört

Sankt Ludwig und das Alice-Denkmal auf dem Wilhelminenplatz

wurden, eingeweiht. Bis zur Zerstörung im November 1938 befand sich die liberale Synagoge in der Friedrichstraße, die orthodoxe in der Bleichstraße. Die neue Synagoge in der Wilhelm-Glässing-Straße ist ein Geschenk der Stadt Darmstadt an die jüdische Gemeinde. Besonders beeindruckend sind die vorwiegend in Blautönen leuchtenden Glasfenster im Inneren, die von dem britischen Künstler Brian Clark gestaltet wurden. Der Architekt der Neuen Synagoge war Alfred Jacoby.

Stadtplaner des 19. Jahrhunderts

Der Baumeister Georg Moller

Georg Moller gehört zu den bedeutendsten Baumeistern und Stadtpla-
nern des frühen 19. Jahrhunderts und wird zu Recht in einer Reihe mit
großen Namen wie Karl Friedrich Schinkel, Gottfried Semper, Leo von
Klenze und Friedrich Weinbrenner genannt. Großherzog Ludwig I. holte
den Schüler Weinbrenners 1810 als 26-jährigen aus Karlsruhe nach
Darmstadt. Hier stieg er im Laufe der Jahre schließlich zum großherzoglichen Oberbaudirektor auf und wurde der einflussreichste Gestalter der
Stadt Darmstadt. Mollers Schaffensperiode überdauerte bis zu seinem
Tod 1852 die Regierungszeit dreier Großherzöge. Seine Grabstätte befindet sich auf dem Alten Friedhof. Moller trat jedoch nicht nur als Stadt-
planer und Architekt in Erscheinung, er brachte auch 1818 zusammen
mit Ludwig I. das erste Denkmalschutzgesetz auf den Weg. Ohne diesen
Schritt wäre damals die Lorscher Königshalle, seit 1991 Weltkulturerbe
der Menschheit, dem geplanten Abriss zum Opfer gefallen. Auch als
Sachverständiger für mittelalterliche Baukunst war Moller sehr gefragt.
So ermöglichten z. B. von ihm angefertigte Detailzeichnungen des Kölner Doms die Erhaltung und Restaurierung vieler beschädigter Teile. Zu
Mollers größter Aufgabe wurde die Stadterweiterung Darmstadts nach
Westen, die in barocken Ansätzen entlang der Rheinstraße bereits an-
gedeutet war. Die Ernennung Ludewig I. zum ersten Großherzog von
Hessen und bei Rhein durch Napoleon brachte einen liberalen und fort-
schrittlichen Mann an die Macht. Ziel der dringend notwendig gewordenen Stadterweiterung war – neben der Repräsentation – die Schaffung
eines Rahmens für die Förderung von Handel und Gewerbe in der Hauptstadt sowie der Bau von Wohnungen für die stetig wachsende Zahl von
Beamten. 1811 und 1817 legte Moller Bebauungspläne für ein geome-
trisch angelegtes und großzügig bemessenes Stadtquartier vor, geprägt
von herrschaftlichen Wohnhäusern und repräsentativen öffentlichen
Gebäuden im klassizistischen Stil. Ihre Höhenbegrenzung legte Moller
auf drei Geschosse fest, damit gesichert war, daß keiner der Neubauten
die Traufhöhe des Schlosses überragen konnte. Diese Festlegung erhielt später auch die Bezeichnung »Mollermaß«. Dem Schloß als

nördliche Begrenzung der Neustadt fügte er drei Stadttore entsprechend ihrer geographischen Ausrichtung hinzu. Die Mollerstadt erstreckte sich vom Schloss aus in westlicher Richtung entlang der barocken Prachtbauten bis zum Rheintor am Steubenplatz. Als städtebauliches Pendant zur Rheinstraße wurden in Nord-Süd-Richtung zwei große Achsen angelegt. Die Neckarstraße mit dem Neckartor führte den Haupttreise- und Handelsverkehr durch Darmstadt. Die Wilhelminenstraße war im Norden begrenzt durch das Maintor am Mathildenplatz (an seiner Stelle befindet sich heute das Gerichtsgebäude); an ihrem südlichen Ende befindet sich die wohl markanteste Kirche Darmstadts und einer der wenigen erhaltenen Mollerbauten, St. Ludwig. Erst mit der beginnenden Industrialisierung und vor allem nach dem Krieg der Jahre 1870/71 entstand wieder die Notwendigkeit, das Stadtgebiet zu erweitern.

Während der großen Brandnacht 1944 wurde die Mollerstadt fast vollständig zerstört. Durch die Beibehaltung ihres streng geometrischen, axialen Straßenrasters und der großen Plätze blieb trotz Auflockerung beim Wiederaufbau Darmstadts zumindest der klassizistische Stadtgrundriss erhalten. Auch bei der Höhe der Gebäude entlang der Rheinstraße richtete man sich zunächst noch nach dem Mollermaß. Die drei großen Plätze der Stadt, Luisen-, Mathilden- und Wilhelminenplatz, sind auch heute noch klassizistisch symmetrisch gestaltet. Am Standort des 1972 eröffneten neuen Staatstheaters befand sich bis zum Zweiten Weltkrieg der Botanische Garten. Dieser war im Stil eines englischen Landschaftsgartens angelegt.

Heute lassen sich im Darmstädter Stadtbild nur noch wenige Mollerbauten finden. Einer der bekanntesten Entwürfe Mollers war der für das Denkmal Ludewigs I. von 1844. Er orientiert sich an den berühmten Säulenmonumenten in Paris und London. Wie durch ein Wunder überstand er die Bombardements 1943 und 1944 unversehrt. Nur wenige Schritte weiter nördlich, auf der Rückseite des durch den Zuwachs neuer Landesteile 1803 und 1815 zu klein gewordenen Kollegiengebäudes, errichtete Moller 1825 das neue Kanzleigebäude mit Blick auf den Mathildenplatz. Heute befinden sich in dem an Florentiner Renaissancepaläste erinnernden Bau Teile des Regierungspräsidiums. Vor allem seine Innenhoffassade mit dem Treppenhaus ist bemerkenswert. Von der einstigen Johannes-Loge zur Eintracht, einem klassizistischen Tempel, sind nur noch der Portikus mit sechs steinernen ionischen Säulen sowie die beiden Sphingen rechts und links der Freitreppe von Johann Baptist Scholl von 1826 erhalten. Moller errichtete diesen Versammlungsort 1820 für die Freimaurervereinigung, der er auch selbst angehörte. 1962–66 wurde dem Portikus ein Neubau von Rolf Romero und Lothar Willius angefügt. Bekannt unter dem Namen »Moller-Haus« finden hier wechselnde Veranstaltungen und Theateraufführungen statt. Die Bezeichnung »Moller-Haus« ist nicht zu verwechseln mit dem Begriff »Mollerbau«, der heute für das einstige Mollersche Hoftheater (entstanden 1818–20) am Karolinenplatz gebraucht wird, Darmstadts klassizistischen Paradebau schlechthin. Auch für das Schloss entwickelte Moller große Pläne. Der alte Teil des Schlosses sollte abgerissen und die beiden noch fehlenden Flügel sowie ein mittiger Verbindungsflügel im klassizistischen Stil angefügt werden. Dieses Vorhaben fand jedoch nicht die Zustimmung des Großherzogs.

Im ganzen Stadtgebiet finden sich noch heute erkennbar klassizistisch geprägte Bauten, was auf den Einfluss Mollers zurückgeführt werden kann. So zum Beispiel spätklassizistische Landhäuser in der Frankfurter Straße gegenüber dem Herrngarten, in der Elisabethen- und Hügelstraße ebenso wie in Bessungen und den Vororten. Sie sind meist freistehend, zwei Stockwerke hoch, schlicht gestaltet und dem klassizistischen Ideal folgend weiß und hellgrau, gelblich oder ockerfarben und glatt verputzt. Daneben haben sie alle noch die charakteristischen symmetrischen Fensterachsen und oftmals einen mittig auskragenden Balkon im 1. Stock.

Neben der westlichen Stadterweiterung und den Entwürfen für repräsentative Gesellschaftsbauten fand Georg Moller im Kirchenbau ein weites Betätigungsfeld. Nachdem er 1820 mit St. Ludwig die erste katholische Kirche in Hessen-Darmstadt nach der Reformation errichtet hatte, begannen die Katholiken rings um Darmstadt wieder eigene Kirchen zu bauen. Da die evangelischen Gemeinden dem nicht nachstehen wollten, erneuerten und erweiterten sie ebenfalls ihre Dorfkirchen. Fast alle dieser Entwürfe stammen von Georg Moller und seinen Mitarbeitern. Diese Kirchen haben mit dem dem Pantheon in Rom nachempfundenen Bau von St. Ludwig wenig gemein. Sie haben schlichte, wohlproportioniert klare Grundrisse, bestehend aus einem Schiff und einem meist schmalen, spitz zulaufenden, schiefergedeckten Turm und sind überwiegend aus heimischem Gestein erbaut. Zu finden sind sie im gesamten Umkreis Darmstadts von Groß-Zimmern und Gräfenhausen bis an die Bergstraße.

DA·HIN

Umgeben von Kunst und Geschichte: Der Herrngarten

Darmstadts Parkanlage im Zentrum der Stadt ist der Herrngarten, der umrahmt wird vom Haus der Geschichte, dem Hessischen Landesmuseum, Bauten der Technischen Universität, dem Porzellanschlösschen und den schönen Häusern des Johannesviertels.

Über den Friedensplatz gelangt man aus dem Stadtzentrum kommend zum **Hessischen Landesmuseum**. An der Stelle, wo sich heute das Landesmuseum befindet, stand ursprünglich das Darmstädter Zeughaus. 1892 schrieb der Großherzog Ernst Ludwig (1868–1937) den Bau eines Museums offiziell aus. Es lag ihm am Herzen, die Sammlungen, die bis dahin in dem aus allen Nähten platzenden Schloss untergebracht waren, in einem würdigen Bau ausstellen zu können. Jedoch wurden bei dem Wettbewerb keine befriedigenden Ergebnisse erzielt und so vergab der Großherzog den Auftrag direkt an den Darmstädter Architekten Alfred Messel (1853–1909). Ernst Ludwig stellte A. Messel für den geplanten Museumsneubau folgende Aufgabe:

Zunächst sollte er die Sammlungen, die in dem Museum untergebracht werden, studieren. Ihre Struktur sollte die Größe und Anordnung der Räume bestimmen. Erst nachdem die Planung für den Innenausbau feststände, sollte mit der Planung der Gebäudehülle begonnen werden. Das Landesmuseum ist im Inneren sehr großzügig gestaltet. Trotz der ungewöhnlichen Vorgehensweise bei der Gestaltung fügt sich der Museumsbau harmonisch in die umgebende Bebauung mit Schloss und Hoftheater ein und wirkt von allen Seiten wohlproportioniert.

In den 1970er Jahren entstand der Wunsch, eine Sammlung zeitgenössischer Kunst des zwanzigsten Jahrhunderts, die Sammlung Ströher, dem Museum anzugliedern. Der hierfür geschaffene Anbau wurde nach den Plänen des Architekten Reinhold Kargel errichtet. Der offen gestaltete Neubau gewährt Einblicke in die Sammlung, ohne das Museum betreten zu müssen. Vom Friedensplatz aus kommend kann man links am Museum vorbeilaufen und einen Blick in die Ausstellungsräume und auf verschiedene Skulpturen werfen.

Ein architektonisches Unikum ist das Gebäude westlich des Neubaus, das sogenannte **Baumhaus** in der Schleiermacherstraße 8. Es wurde Anfang der 1970er Jahre von dem Darmstädter Architekten Ot Hofmann gebaut und bezogen. Dem Konzept des Hauses liegt der Wunsch zugrunde, naturnahes, grünes Wohnen inmitten der Stadt mit einer zeitgemäßen modernen Architektur zu verbinden. Die ursprüngliche Planung sah eine Fortsetzung der Bebauung über den vierspurigen City-Ring und die Schleiermacherstraße hinweg mit ausgedehnten, begrünten Terrassen und einer vielfältigen Nutzung vor.

In den unteren Etagen befinden sich Büro- und Geschäftsräume, im Erdgeschoss ist momentan ein Fahrradladen ansässig. In den oberen Geschossen liegt die Wohnung des Architekten. Im fünften Stockwerk ist ein Schwimmbecken mit einem Kiefernhain untergebracht, darüber befindet sich der Dachgarten des Hauses und ein kleines Windkraftwerk, welches nach langen Auseinandersetzungen mit der Stadt verwirklicht werden konnte.

Der Bau östlich des Landesmuseums ist das ehemalige **Mollersche Hoftheater**, das heutige **Haus der Geschichte**. Da in dem Gebäude das Hessische Staatsarchiv untergebracht ist, wird es häufig auch einfach Staatsarchiv genannt. Nach dem En-de der napoleonischen Kriege und der damit verbundenen Festigung der Fürstenmacht wurde auch im neuen Großherzogtum Hessen ein Aufschwung des höfischen Lebens bemerkbar. Der Großherzog Ludewig I. (1753–1830) wünschte den Neubau eines Hoftheaters im klassizistischen Stil. Er beauftragte seinen Baumeister Georg Moller, der 1814 die ersten Entwürfe anfertigte. Das Theater wurde in den Jahren 1818 und 1819 gebaut. 1871 brannte der gesamte Bau das erste Mal nieder, beim Wiederaufbau zwischen 1875 und 1879 wurden einige Veränderungen vorgenommen. Dabei wurde der Zuschauerraum vergrößert und der Bühnenraum erhöht. 1944 brannte das Mollersche Hoftheater während des großen Luftangriffs zum zweiten Mal ab. Diskussionen über den Wiederaufbau des Theaters wurden 1961 endgültig verworfen und so stand das im Inneren zerstörte Haus lange leer. Ab 1986 wurde das Gebäudeinnere den künftigen Funktionen entsprechend neu aufgebaut und 1992 bezogen. Die alte Fassade wurde sorgfältig restauriert und erstrahlt seit der Einweihung 1994 in neuem Glanz. Heute befinden sich im ehemaligen Mollerschen Hoftheater verschiedene Archive wie das Hessische Staatsarchiv und das Darmstädter Stadtarchiv, das Hessische Wirtschaftsarchiv und die Karten- und Theatergeschichtliche Sammlung als auch die Plakatsammlung der Hess. Landes- und Hochschulbibliothek. Außerdem beheimatet das »Haus der Geschichte« die »Hessische familiengeschichtliche Vereinigung«, eine genealogische Forschungsstelle. Neben den Archiven, welchen auf zehn Stockwerken insgesamt ca. 36 Regalkilometer zur Verfügung stehen, befinden sich auch Verwaltungsräume, Werkstätten und Sondermagazine sowie Ausstellungs- und Vortragsräume im Gebäude.

Die Bestände der Archive, die in Folge des Zweiten Weltkrieges stark dezimiert wurden, befanden sich bis 1992 in stark beengten Räumlichkeiten des Schlosses. Zu den Beständen gehören Dokumente der Geschichte Hessens und Darmstadts von mittelalterlichen Pergamenten der Mainzer Bischöfe bis hin zu Verwaltungs- und Gerichtsakten des 20. Jahrhunderts.

Zwischen Haus der Geschichte und Landesmuseum betritt man über einen der Eingänge am Karolinenplatz den **Herrngarten**.

Der Herrngarten ist der größte und älteste Park in der Darmstädter Innenstadt, dessen Anfänge auf das sechzehnte Jahrhundert zurückgehen. Er entstand durch die Zusammenlegung von drei größeren und mehreren kleineren Gärten. Der Herrngarten hatte in den verschiedenen Epochen unterschiedliche Funktionen und wurde vom Küchen- und Kräutergarten während der Renaissance, über einen barocken Lustgarten, Ende des 18. Jahrhunderts als Garten nach dem Vorbild englischer Parkanlagen angelegt. Ursprünglich erstreckte

sich der Herrngarten bis zum heutigen Residenzschloss, bedeckte also auch die Fläche des heutigen Hauses der Geschichte und des Hessischen Landesmuseums. Ab 1800 war der Herrngarten während der Öffnungszeiten nicht nur Hofgarten für die Edlen und Adligen der Stadt, sondern der gesamten Stadtbevölkerung zugänglich. 1918 wurden die Öffnungszeiten ganz aufgehoben und er wurde zum öffentlichen Bürgerpark. Im Herrngarten befinden sich ein Goethe-Denkmal, von Ludwig Habich 1903 geschaffen, und ein Denkmal für die Gefallenen der napoleonischen Kriege, welches im Volksmund »Riwwelmatthes« genannt wird. Bei der Enthüllung des Denkmals sollen die Kriegsveteranen ausgerufen haben: »Des is jo de Riwwels Matthes!« (Matthias Riebel). Der besagte Soldat soll dem Schöpfer des Denkmals, Johann Baptist Scholl, Modell für die Figur des abgebildeten chattischen Kriegers gestanden haben.

An die großherzogliche Familie erinnern das Grab der Landgräfin Karoline sowie ein Gedenkstein für die 1903 jung verstorbene Prinzessin Elisabeth. Einer Legende nach soll ein unterirdischer Gang vom Schloss zum Grabmal der Landgräfin Karoline bestehen, den die Landgräfin zu Lebzeiten nutzte, um ungestört an ihren Lieblingsplatz im Herrngarten gelangen zu können.

Eine Neuheit ist das rund um den Musikpavillon errichtete Herrngartencafé, das 2003 seine Türen öffnen wird und an alte Traditionen anknüpft.

Am nordöstlichen Ende des Herrngartens befindet sich der wesentlich kleinere und ruhigere **Prinz-Georgs-Garten**. Dieser ist ein Rokoko-Garten, der 1764 angelegt wurde. Auch der Prinz-Georgs-Garten bestand aus zwei Gärten, die unter dem Landgrafen Ludwig VIII. (1691–1768) zusammengefasst wurden. Namensgeber war sein Sohn Prinz Georg Wilhelm (1722–1781).

Die Gartenanlage hat einen mehrachsigen, geometrischen Grundriss mit Haupt-, Quer- und Diagonalachsen, an deren Schnittpunkten sich eine Sonnenuhr und ein Brünnchen mit Wasserfontänen befinden. Von einer schützenden Mauer umgeben ist der Prinz-Georgs-Garten sehr beliebt, da man hier im Gegensatz zum belebten Herrngarten auf den Bänken rund um die eingefassten Beete ein wenig Abgeschiedenheit und Ruhe genießen kann.

In der angegliederten Gärtnerei kann man saisonales Gemüse kaufen, welches in der Parkanlage angebaut wird. Am nördlichen Ende des Gartens befindet sich rechter Hand das Teehaus, gegenüber die große Vogelvoliere und die Orangerie. Dahinter steht schließlich das **Prinz-Georgs-Palais**, heute schlicht Porzellanschlösschen genannt. Es wurde um 1710 vermutlich von Louis Remy de la Fosse errichtet. Palais und Garten waren ein Geschenk Ludwigs VIII. an

seinen Sohn Prinz Georg Wilhelm von Hessen-Darmstadt, der das Ensemble zwischen 1764 und 1782 als Sommerresidenz nutzte. Ende des 18. Jahrhunderts diente die Anlage dem Kreis der Empfindsamen als Ort der Zusammenkunft. Gebildet wurde dieser u.a. von der Landgräfin Karoline von Hessen-Darmstadt, Johann Wolfgang Goethe, Gottfried Herder und Johann Heinrich Merck.

Ab dem Jahre 1908 wurde die Großherzoglich-Hessische Porzellansammlung hier der Öffentlichkeit zugänglich gemacht.

ADRESSEN

Hessisches Staatsarchiv

Karolinenplatz
Innenstadt
Tel.: 06151 · 16 59 00

Prinz-Georgs-Palais

Schlossgartenstraße 10
Martinsviertel
Tel.: 06151 · 71 32 33

Mo.–Do.: 10–13 und 14–17 Uhr.
Sa., So. und Feiertag: 10–13 Uhr.
Prinz-Georgs-Garten: geöffnet
vom 1.3.–31.10. von 7–19 Uhr
und ab 1.11.–28.2. von 8–17 Uhr.
Verkauf: Mo.–Do. von 7–15 Uhr
und Fr. von 7–13 Uhr.

Im Martins- und Johannesviertel:
Wo Darmstädter gerne leben

Rund um den Herrngarten befinden sich die zwei Stadtviertel, die aufgrund der hohen Anzahl an Altbauten aus der Gründerzeit neben Bessungen für viele Darmstädter zu den bevorzugten Wohngegenden gehören: Das Martinsviertel und das Johannesviertel.

Ausgangspunkt für den Rundgang durch das Martins- und das Johannesviertel ist die Hochschulstraße. Hier befinden sich Gebäude der Technischen Hochschule, die gegen Ende des neunzehnten Jahrhunderts im Stil der Gründerzeit gebaut wurden. Vom Herrngarten aus gesehen befindet sich auf der rechten Seite das **Hauptgebäude der Universität**, das Heinrich Wagner zwischen 1893 und 1895 baute. Auf der linken Seite sind die **Institutsgebäude** für die chemischen, physikalischen und elektrotechnischen Institute, die durch Erwin Marx und Friedrich Pützer im gleichen Zeitraum entstanden. 1904 verband Pützer die vormals freistehenden Institutsgebäude durch einen **Hörsaaltrakt** und einen **Turm**. Der Turm wurde im Zweiten Weltkrieg zerstört

und bisher nicht wieder aufgebaut. Besonders beachtenswert ist der Fassadenschmuck durch die **Portraitplaketten** berühmter Wissenschaftler, zum Beispiel von Justus Liebig.

Der Hochschulstraße folgend gelangt man zum **Kantplatz**. Hier befindet sich ein kleiner und **achteckiger Kiosk**, der unter Denkmalschutz steht. Ursprünglich gab es über das Stadtgebiet verteilt sieben dieser kleinen Kioske. Er entstand 1925 nach einem Entwurf von August Buxbaum.

An der Ecke Kantstraße/Magdalenenstraße befindet sich die **Maschinenhalle** der Technischen Universität, welche parallel zum Hörsaaltrakt in der Hochschulstraße von Georg Wickop 1904 gebaut wurde. Beim Bau der Maschinenhalle orientierte Wickop sich stark am Jugendstil. Vom Kantplatz aus empfiehlt es sich, rechts an der Maschinenhalle vorbei die Magdalenenstraße entlangzugehen.

Hier sind auf der linken Seite noch Teile der **Alten Vorstadt** zu sehen. Ab 1593 ließ der damalige Landgraf Georg I. (1547–1596) die Stadt erweitern und gab Wohnhäuser entlang der

Achteckiges Haus, 1844

ihm fanden Ballspiele statt. 1823 errichtete man an dem Platz die erste dauerhafte Stadtschule, die sogenannte Ballonschule, die 1888 durch einen Neubau ersetzt wurde, heute jedoch nicht mehr existiert. Auf dem Platz lädt das Café Ballon vor allem im Sommer zu einer Pause ein. Von hier ausgehend läuft man die Alexanderstraße stadtauswärts und biegt links in die Mauerstraße ein.

In der Mauerstraße 17, ein Stück zurückgesetzt steht das **achteckige Haus**, das um 1627 von Jakob Müller als Gartenhaus für den Kanzler Wolff von Todenwarth errichtet wurde. Heute hat im Keller des Hauses der Jazzclub seinen Sitz, im ersten Stock befinden sich die Büroräume des Konzertchors Darmstadt. Im neunzehnten Jahrhundert befand sich in den Räumlichkeiten ein Krankenhaus, das sogenannte Mauerspitälchen, später eine Badeanstalt.

Hier biegt man nun rechts in die Lauteschlägerstraße ein und folgt dieser bis zum Kopernikusplatz, dann läuft man die Heinheimer Straße entlang, an der Martinskirche vorbei, bis zum **Riegerplatz**. Dieser ist der zentrale Platz im Martinsviertel, hier findet regelmäßig ein kleiner Markt statt, im Sommer locken hier verschiedenen Veranstaltungen, unter anderem die Martinskerb Mitte September und den Sommer hindurch Open-Air-Kino. Die evangelische **Martinskirche** am Riegerplatz wurde von einem zunächst unbekannten Darmstädter

Straßen nach Dieburg und nach Arheilgen in Auftrag. Während des Dreißigjährigen Krieges musste der Bau der Stadterweiterung jedoch unterbrochen werden. Erst Ende des siebzehnten Jahrhunderts konnte das Bauvorhaben unter dem Landgrafen Ernst Ludwig (1678–1739) fertiggestellt werden. Heute steht jedoch nur noch ein Teil der ursprünglich geschlossenen Anlage, ein Großteil der Gebäude wurde im Zweiten Weltkrieg zerstört oder musste schon vorher den Neubauten der Technischen Hochschule weichen. Am Ende der Magdalenenstraße angelangt, zeigt sich mit der Häuserzeile in der Alexanderstraße der restliche Teil der alten Vorstadthäuser. Das Haus Alexanderstraße 25 ist das letzte noch erhaltene Haus mit barockem Volutengiebel.

Der **Ballonplatz** wurde 1606 vom großherzoglichen Hof errichtet, auf

Häuserzeile in der Viktoriastraße

später auch **Watzeviertel** (Watz= mundartl. Eber) genannt. Im achtzehnten Jahrhundert siedelten sich hier die Bauern an, die in der Altstadt keinen Platz mehr fanden, außerdem gab es in der Umgebung die besten Ackerflächen. Des weiteren siedelten sich viele Handwerker an. Unter der Darmstädter Bevölkerung hatte das Viertel keinen guten Ruf, es war nicht an die Wasserleitungen der Stadt angeschlossen, somit roch es hier nach Landwirtschaft und harter Arbeit. Über die Pankratiusstraße gelangt man rechts in die Fuhrmannstraße, biegt erneut rechts in die Arheilger Straße und gleich wieder links in die Gardistenstraße ab.

Bürger gestiftet. Erst nach dessen Tod erfuhr die Öffentlichkeit, wem sie die Kirche zu verdanken hat: Dem Germanisten Max Rieger (1823–1909), zu dessen Ehren der Platz dann auch benannt wurde. Die Martinskirche wurde zwischen 1883 und 1885 durch Aage von Kaufmann erbaut, die Grundsteinlegung fand am 10.11.1883, dem 400. Geburtstag Martin Luthers, statt. Ihm ist die Kirche geweiht. Doch der Name der Gemeinde geht nicht nur auf Martin Luther, sondern auch auf den frommen Martin von Tours zurück.

Vom Riegerplatz aus läuft man am besten die Kaupstraße hinunter und biegt in die Pankratiusstraße ab. In diesem Teil des Martinsviertels (der Pankratiusstraße, dem Arheilger Weg, der Gardistenstraße) befand sich ursprünglich die **Pankratiusvorstadt**,

Entlang dieses Weges kann man noch ursprüngliche Bauern- und Handwerkerhäuser entdecken und erreicht schließlich den **Schlossgartenplatz**. Ein sehr schönes Café ist das Schlossgartencafé, auf der gegenüberliegenden Seite befinden sich kleine, aber besonders schöne Läden wie Pompadour und der grüne Salon.

Links ragt der Turm der katholischen **Elisabethenkirche** in den Himmel, der mit seinen 75 Metern der höchste Kirchturm Darmstadts ist. Der Bau wurde zwischen 1903 und 1905 dem gotischen Stil nachempfunden. Im Inneren der Kirche befinden sich seit 1978 die Elisabeth-Fenster des Künstlers Bruno Müller-Linow.

Vom Schlossgartenplatz aus kann man entweder durch den Herrngarten zurück in die Stadtmitte gelangen

Johanneskirche

Stadterweiterung Ende des neunzehnten Jahrhunderts war das Johannesviertel das erste Viertel, das neu angelegt wurde. Innerhalb von nur dreißig Jahren, also zwischen 1870 und 1900, erfolgte die vollständige Bebauung des Geländes im Stil der Gründerzeit. Große Teile wurden jedoch während des Krieges zerstört.

Hinter dem Alicenplatz stößt man in der Viktoriastraße auf den **Bücherschrank**, eine offene Bibliothek. In dem wetterfesten Schrank findet man Lektüre zu den verschiedensten Themen. Jeder, der sich ein Buch herausnimmt, soll später einen anderen Titel in den Schrank zurücklegen, so dass man bei jedem Besuch neue Titel vorfinden kann. Nun gelangt man zur Landwehrstraße, in der sich weitere, besonders schöne Hausfassaden befinden.

Rechts abbiegend kommt man nun zum **Johannesplatz** mit der evangelischen **Johanneskirche**. Die Kirche ist wie die Elisabethenkirche im neugotischen Stil errichtet und wurde 1893 fertiggestellt.

An der Liebigstraße/Ecke Alicenstraße befindet sich der Darmstädter **Louvre**, eine neubarocke Bauzeile, die 1874 von den Architekten Innemann und Strigler errichtet wurde.

Durch die Landwehrstraße ist es nur noch ein Katzensprung zurück in den Herrngarten. Zurück zum Ausgangspunkt des Spazierganges, in die Hochschulstraße, gelangt man, indem man den Herrngarten durchquert.

oder einen kleinen, aber lohnenswerten Umweg in Kauf nehmen, der durch das Johannesviertel entlang der schönen Gründerzeitfassaden zurück in die Innenstadt führt. Dazu läuft man die Schuknechtstraße, später Pallaswiesenstraße hinunter und überquert die Frankfurter Straße.

Hier beginnt das **Johannesviertel**. Nun biegt man links in die Viktoriastraße und läuft diese entlang. 1982 wurde die Viktoriastraße in einen Fußgängerbereich ungewandelt und ist einer der schönsten Straßenzüge der Stadt. Die schmucken Bauten aus der Gründerzeit kann man hier auf sich wirken lassen. Das Johannesviertel hieß ursprünglich das Blumenthalviertel, benannt nach Heinrich Blumenthal (1824–1901), der 1872 einen Bebauungsplan für das Viertel vorlegte. Im Rahmen der großen

Hundertwasser-Architektur

Naturnahes Wohnen

Im neubebauten Bürgerparkviertel befindet sich auf dem ehemaligen Schlachthofgelände das letzte von dem Wiener Künstler und Umweltschützer Friedensreich Hundertwasser gebaute Haus. Der Bauplan des Gebäudes wurde 1998 zum ersten Mal der Darmstädter Öffentlichkeit im Rahmen einer umfangreichen Hundertwasser-Ausstellung auf der Mathildenhöhe präsentiert.

Für den Rohbau des Gebäudes, welches ohne Ecken, Kanten und gerade Linien auskommen soll und sich ohne eine stimmige Ordnung präsentiert, wurde, und das zum ersten Mal in Deutschland, Recyclingbeton verwendet.

Dem Projekt Waldspirale lag der Wunsch zugrunde, ein Stück Wald in die Stadt zu bringen und dadurch dem Gebäude samt Umfeld eine möglichst naturnahe Atmosphäre zu verleihen. Das Dach des u-förmig von Straßenniveau auf über dreißig Meter Höhe aufsteigenden Gebäudes ist begrünt und vereinzelt mit kleinen Bäumen bepflanzt. Entgegen dem Konzept Hundertwassers ist das Dach jedoch nur beschränkt begehbar.

Hundertwasser, der das Haus zusammen mit dem Architekten Heinz Springmann entwarf, konnte das Ergebnis persönlich nicht mehr bewundern. Der Künstler, 1928 als Friedrich Stowasser in Wien geboren, starb am 19. Februar 2000. Die Waldspirale wurde drei Monate später im Mai 2000 fertiggestellt und im September desselben Jahres eingeweiht.

In dem mächtigen Gebäudekomplex befinden sich insgesamt 105 Wohnungen, die ursprünglich als Eigentumswohnungen geplant waren, heute jedoch aufgrund des geringen Kaufinteresses zum Großteil vermietet sind. Außerdem beherbergt das Gebäude ein Restaurant (Coyote Bar) und ein Café (Coyote Café) sowie zwei kleinere Geschäfte. Auf der Terrasse des Coyote Cafés, von der aus man bei gutem Wetter einen Ausblick bis in den Taunus hat, prangt ein von Wolfgang Thiel geschaffenes Portrait von Friedensreich Hundertwasser.

Von der Mathilden- zur Rosenhöhe: Jugendstil und Naturschönheit

Die nach der Großherzogin Mathilde benannte Erhebung im Osten der Stadt mit ihrer Künstlerkolonie machte Darmstadt als Jugendstilzentrum bekannt.

1899 durch Großherzog Ernst Ludwig mit sieben jungen Künstlern begründet, sollte die Künstlerkolonie nach dem Willen des Mäzens Entwicklungsmöglichkeiten für sein Land nach dem Bedeutungsverlust durch die Eingliederung in das Kaiserreich 1871 eröffnen. Die unter dem Titel »Ein Dokument Deutscher Kunst« 1901 abgehaltene erste Werkschau der Kolonie begründete Darmstadts Ruf als Jugendstil- und Kunststadt. Durch Ernst Ludwigs zielstrebiges Vorgehen konnte etwas völlig Neues im Atelierhaus sowie den acht Künstlerhäusern präsentiert werden: Die Verschmelzung und Harmonie von Kunst und Leben als Ausdruck eines neuen Selbstverständnisses und Lebensgefühls. In der neuen Formensprache herrschten geschwungene, aber klare Linien vor. Ebenso trat die Betonung des Materialcharakters in den Vordergrund.

Es folgten weitere Ausstellungen in den Jahren 1904, 1908 und 1914. Finanziell erfolgreicher, aber im Umfang deutlich bescheidener, wendeten sie sich an ein breiteres Publikum. Von aufwendigen Unikaten kam man zu sachlicheren Serienentwürfen, auch für die industrielle Produktion. Das herausragende künstlerische Niveau des Debüts von 1901 wurde dabei nicht mehr erreicht.

Olbrichs »Dreihäusergruppe«, 1908 entstanden, besteht aus drei eng verzahnten, jedoch individuell gestalteten Häusern und sollte vergleichsweise einfache, aber künstlerisch gestaltete Eigenheime repräsentieren. Der Nachkriegswiederaufbau weist nur noch wenige erhalten gebliebene Fassadenelemente auf, darunter der prägnante Klinkerschmuck des »Blauen Hauses« und des »Eckhauses«. Ein schönes Modell der »Dreihäusergruppe« befindet sich im Museum der Künstlerkolonie. Das temporäre »Arbeiterdorf« der Ausstellung 1908, sechs Ein- und Mehrfamilienhäuser, sollte zeigen, daß qualitätvolle Wohnformen auch auf kleinstem Raum und mit

Portalbogen am Ernst-Ludwig-Haus

geringen Mitteln zu realisieren waren. Zur Ausstellung von 1914 entstand mit dem Bau der dreigeschossigen Wohnhausgruppe von Albinmüller ein Musterbeispiel für den Mietwohnungsbau (1944 zerstört).

Die Besetzung der Künstlerkolonie wechselte im Laufe ihres Bestehens mehrmals; insgesamt waren 23 Künstler in den fünfzehn Jahren hier tätig. Von 1899 bis zu seinem Tod im Jahre 1908 war der Architekt Joseph Maria Olbrich zentrale Figur und künstlerischer Leiter, sein Nachfolger wurde Albinmüller.

Nach dem Abbruch der Ausstellung 1914 zu Beginn des Ersten Weltkrieges wurde die Künstlerkolonie nach 1918 nicht mehr wiederbelebt. Bei den Bombardierungen 1944 gingen einige Bauten völlig verloren. Dennoch blieben viele Schätze der Jugendstilzeit im Original erhalten oder wurden liebevoll wiederhergestellt und bilden ein einmaliges Ensemble der Epoche.

Ältestes Gebäude auf dem Musenhügel ist die 1897–99 entstandene **Russische Kapelle** der Heiligen Maria Magdalena, ein Geschenk des letzten Zaren, Nikolaus II., an seine Gemahlin Alexandra, Schwester des Großherzogs Ernst Ludwig. Der Petersburger Architekt Leonid (Louis) Benois erbaute sie im russischen Stil des 16. Jahrhunderts auf geweihter russischer Erde. Gekrönt wird sie von drei schlanken Türmen mit vergoldeten Zwiebelhauben. Die strukturale Klinkerfassade wird gegliedert durch reichen Mosaikschmuck, einen umlaufenden Majolikafries sowie durch ein vergoldetes Schmuckband. Die überreiche Ausstattung findet ihre Fortsetzung im Innenraum.

Hinter der Kapelle steht der sog. **»Schwanentempel«**, von Albinmüller 1914 errichtet. Der kleine Rundpavillon mit dekorativer Kuppelausmalung wird von Doppelsäulen mit dunkler, floral strukturierter Keramikverkleidung getragen. Weiße Reliefplatten am Gesims mit der Darstellung von Schwänen, deren Schnäbel als Wasserspeier dienen, gaben dem Bau seinen Namen.

Das **»Lilienbecken«**, ein Wasserbassin unterhalb der Kapelle mit einer Auskleidung aus tiefblau und türkisfarben glasierten Keramikkacheln, die abstrahierte Blütenmotive darstellen, wurde ebenfalls 1914 von Albinmüller geschaffen. Die beiden Brunnenskulpturen, »Maria und das Kind« und »Joseph«, stammen von Bernhard Hoetger und bilden den symbolischen Übergang zum stilistischen Fremdkörper der Russischen Kapelle.

Nördlich schließt sich der bereits um 1830 angelegte **Platanenhain** an, dessen skulpturale Ausgestaltung Bernhard Hoetger 1914 abschloß. Der Seiteneingang wird durch die Steinfiguren von Löwe und Panther bewacht. Darunter geben zwei Schrifttafeln die Anbetung der Sonne durch den Pharao Echnaton wieder. Inspiriert durch indische, ägyptische und griechisch-archaische Kunst thematisiert Hoetger den Kreislauf des Lebens, das Werden und Vergehen. Vier monumentale Relieftafeln interpretieren

Zitate aus der wichtigsten heiligen Schrift Indiens, nachzulesen als Sockelinschriften unter den Relieftafeln.

An der Nordseite befindet sich in der Mitte einer Reihe von Krugträgerinnen eine Brunnenanlage. Die große Plastik der sterbenden Mutter mit Kind ist eine Variante von Hoetgers Grabmal für die befreundete Malerin Paula Modersohn-Becker. Der Brunnen in der Ostwand ist eine Gemeinschaftsarbeit von Olbrich, Habich und Greiner von 1904. Im Sommer ist der schattige Ort mit seinem sandigen Boden ein beliebter Treffpunkt für Boule-Spieler.

Das 48 Meter hohe Wahrzeichen der Stadt, Olbrichs **Hochzeitsturm**, überragt seit 1908 die Anlage. Errichtet zur Erinnerung an die Vermählung des Großherzogs Ernst-Ludwig mit seiner zweiten Frau Eleonore im Jahre 1905, gliedert sich das Bauwerk in einen mehrstufigen kubischen Putzsockel und den hoch aufragenden Turmkörper. Die rauhe Klinkerfassade sowie die über Eck verlaufenden Fensterbänder zeigen bereits expressionistischen Charakter. Die an eine Schwurhand erinnernden fünf Zinnen, die den Turm bekrönen, gaben ihm im Volksmund auch den Namen »Fünffingerturm«.

Die Sonnenuhr sowie den Schmuck des Portals und der Eingangshalle erschuf der Maler und Grafiker Friedrich Wilhelm Kleukens 1914. Die beiden prachtvollen Mosaiken tragen die Titel »Der Kuß« und »Die Treue«.

Sonnenuhr am Hochzeitsturm

U-förmig um einen rechteckigen Hof, den sog. »Rosenhof«, der beim Wiederaufbau nach dem Zweiten Weltkrieg überdacht wurde. Die vertikale Betonung des Eingangspavillons stellt ein spannungsreiches Gegengewicht zum Hochzeitsturm her. Die Kuppel des offenen Treppenaufganges schmückt ein Löwenmosaik, die vorgelagerte Terrasse trägt zwei weitere Skulpturen Hoetgers: »Wut« und »Rache«. Auf der Gebäuderückseite findet man versteckt in der Böschung eine Brunnennische mit schönem Mosaikschmuck von Albinmüller.

Das **Ernst-Ludwig-Haus** entstand nach Plänen Olbrichs im Jahr 1901 als Atelier- und Wohngebäude und beherbergt heute das »Museum Künstlerkolonie«. Die 55 Meter lange, symmetrische Südfassade unterbricht der omegaförmige, hervortretende Portalbogen, flankiert von den zwei steinernen Kolossalstatuen »Adam« und »Eva« von Ludwig Habich. Vor der mit vergoldeten Pflanzenornamenten geschmückten Rückwand stehen zwei in Bronze gegossene Genienfiguren von Rudolf Bosselt.

Unterhalb des Ausstellungsgebäudes gruppieren sich einer Ost-West-Achse folgend die **acht Künstlerhäuser** von 1901. Das Haus Christiansen, das wegen seines Freskos mit blühenden Rosen auch »Villa in den Rosen« genannt wurde, fiel dem Zweiten Weltkrieg zum Opfer. Am **Haus** des Architekten **Olbrich**, beim Wiederaufbau nach dem Krieg stark verändert,

Die Relieftafel über dem Portal stammt von dem Bildhauer Heinrich Jobst. Die beiden reich ausgeschmückten Fürstenzimmer im Innern werden heute vom Standesamt der Stadt Darmstadt für Trauungen genutzt. Von der Aussichtplattform bietet sich dem Besucher bei klarem Wetter ein prachtvoller Blick über die Mathildenhöhe und die ganze Stadt.

Südlich schließen sich die zur Schau von 1908 entstandenen **Ausstellungshallen** an. Sie stehen direkt auf den Gewölben des Wasserreservoirs von 1880. Der asymmetrisch gegliederte Komplex erscheint bereits in einer schlichten, modernen Formensprache. Die »Gebäude für freie und angewandte Kunst« gruppierten sich erinnern heute nur noch die charakteristischen blau-weißen Ornamentkacheln an den Jugendstilbau. Das **Wohnhaus Peter Behrens** wurde als einziges Künstlerhaus nicht von Olbrich geplant. Die mit grünen Klinkern gefaßten Kanten des kubischen, weiß verputzten Baus betonen die Vertikale. Die eiserne Haustür ist mit Bronzeornamenten reich geschmückt. Verbleibende Teile der einstmals »ganzheitlichen« Gebäudeausstattung befinden sich im Museum Künstlerkolonie. Es folgen die zwei nach dem Krieg wiederhergestellten **Glückert-Häuser**; das größere der beiden diente dem Fabrikanten als Ausstellungsfläche für seine nach Entwürfen der Künstlerkolonie hergestellten Möbel. Die geschwungenen Dachgiebel und Fenster und der aufwendig gestaltete Haupteingang sind bemerkenswert. Stilisierte Blütenornamente und zwei sternenartige Laternen umschließen die zweiflügelige Holztür. Das Haus beherbergt heute die Deutsche Akademie für Sprache und Dichtung. Im kleinen Glückert-Haus, ursprünglich für den Bildhauer Rudolf Bosselt geplant, wohnte der Möbelfabrikant. Die Inneneinrichtung stammte von Patriz Huber, einige Einzelstücke sind erhalten geblieben.

Die streng kubische Gebäudeform des **Hauses Habich** trug ursprünglich nur ein Flachdach. Auf ornamentalen Schmuck verzichtete Olbrich zugunsten von wohlproportionierten Vor-

und Rücksprüngen in der Fassade. Die Inneneinrichtung fiel dem Krieg zum Opfer, das Haus wurde stark verändert wiederaufgebaut. Vom benachbarten **Haus »Beaulieu«** ist lediglich die von Olbrich entworfene Umfriedung mit dem Gartentor erhalten geblieben. Den Abschluß der Gruppe der Künstlerhäuser bildet das hangabwärts gelegene **Haus Deiters**. Mit seinen kuriosen Proportionen und den vielen verspielten Details ist es ein besonderes Schmuckstück der Mathildenhöhe. In dem Haus befindet sich das Deutsche Polen-Institut. Neben den Häusern im Alexandraweg sehenswert sind das Denkmal für den Darmstädter Dichter Gottfried Schwab, eine lebensgroße Bronzefigur von 1905, sowie die Wandbrunnenanlage mit dem »Trinkenden Jüngling« aus Carraramarmor, beide von Ludwig Habich.

Dem Alexandra- und Olbrichweg nach Osten folgend, erreicht man den **Park Rosenhöhe**, ab 1810 von dem Schwetzinger Gartendirektor Zeyher für Prinzessin Wilhelmine, die Frau von Ludwig II., auf dem sog. Busenberg anstelle der alten Weingärten angelegt. Auf der höchsten Erhebung befindet sich das um 1900 von Großherzog Ernst Ludwig in Auftrag gegebene Rosarium.

Das **Löwentor** von Hoetger, durch das man die Rosenhöhe betritt, wurde 1914 für den Eingang zur Künstlerkolonie auf der Mathildenhöhe geschaffen und 1927 an seinen

Das Löwentor am Eingang zum Park Rosenhöhe

heutigen Standort versetzt. Am Eingang des Parks befinden sich mit der neuen Künstlerkolonie sieben gleichartige Atelierhäuser, die 1965–67 von einer Arbeitsgemeinschaft der Architekten Hausmann, Kargel, Kramer, Prange und Seidel errichtet und seitdem an Darmstädter Künstler auf Lebenszeit vermietet werden. Sie ist ein Versuch der Stadt, an die unterbrochene Tradition der Künstlerkolonie auf der Mathildenhöhe anzuknüpfen.

Im Park befinden sich das Alte und Neue Mausoleum sowie weitere Grabstätten der großherzoglichen Familie. 1826 errichtete Georg Moller den Mittelteil des **Alten Mausoleums** für die fünfjährig verstorbene Prinzessin Elisabeth mit dem Marmorsarkophag

von Christian Rauch. 1870 wurde das Mausoleum von Heinrich Wagner um zwei Flügel erweitert, hier befinden sich die Ruhestätten von Ludewig I. und seinem Sohn Prinz Emil. Das **neue Mausoleum**, im neoromanischen Baustil 1903–10 errichtet, ist der Grabkapelle der Kaiserin Galle Placidia in Ravenna nachempfunden. Es wurde von Ernst Ludwig für seine verstorbenen Eltern Ludwig IV. und Alice sowie für seine Geschwister Marie und Friedrich Wilhelm in Auftrag gegeben. Das Grab des letzten Großherzogs sowie die Ruhestätten seiner 1937 bei einem Flugzeugabsturz umgekommenen Angehörigen liegen etwas abseits der beiden Mausoleen. Später wurden hier weitere

Familienmitglieder des Hauses Hessen-Darmstadt beigesetzt.

Der englische Landschaftsgarten, heute Naturdenkmal, besitzt einen bemerkenswerten alten Baumbestand. Neben Mammutbäumen und Pyramideneichen gehören einer der ersten in Deutschland angepflanzten Gingkobäume sowie die üppig blühenden Magnolien- und Tulpenbäume zu den Besonderheiten.

Das **Rosarium** wurde erst 1982 aus seinem Dornröschenschlaf wiedererweckt, von jahrzehntelangen Überwucherungen befreit und mit neuen Beetstrukturen angelegt. Inzwischen beherbergt es wieder über 20.000 Pflanzen aller Art, darunter ca. 5.000 Rosen in über 100 verschiedenen Sorten. Die Kombination aus Rosen, blühenden Wasserpflanzen sowie weiteren einheimischen und exotischen Strauchpflanzen wie dem üppig blühenden Lavendel weckt beim Besucher Urlaubsgefühle. Vier Laubengänge führen den Spaziergänger in das Herzstück der Anlage, den von zwölf Steinsäulen getragenen **Rosendom**. Die üppig von der alten Kletterrosensorte »American Pillar« umrankte Kuppelkonstruktion lädt mit ihren schattigen und lauschigen Sitzplätzen zum Verweilen ein. Für frisch Verliebte, Familien und all diejenigen, die auf der Suche nach Ruhe und Entspannung in einer herrlichen Umgebung sind, sind die Parkanlage Rosenhöhe und die angrenzenden Streuobstwiesen das ideale Ziel.

ADRESSEN

Hochzeitsturm

Sabais-Platz
Mathildenhöhe
Tel.: 06151 · 70 10 087

März–Okt., Di.–So., 10–18 Uhr
Eintritt 1,50 (0,50) Euro.

Russische Kapelle

Sabais-Platz
Mathildenhöhe
Tel.: 06151 · 42 42 35

Di.–So., Apr.–Sept. 9–18 Uhr,
Okt.–März 9–17 Uhr
Eintritt 0,80 (0,60) Euro.

Deutsches Polen-Institut

Haus Olbrich
Alexandraweg 28
Tel.: 06151 · 49 58 17

Hier befindet sich die Bibliothek des Deutschen Polen-Instituts.

Museum Künstlerkolonie

Bauhausweg
Mathildenhöhe
Tel.: 06151 · 13 33 85

Di.–So. 10–17 Uhr; Führungen: 11.30 Uhr jeweils am ersten So. im Monat; Eintritt 3 (2) Euro.

Das Museum Künstlerkolonie

Jugendstil im Ernst-Luwig-Haus

Seit 1990 beherbergt das Ernst-Ludwig-Haus das Museum Künstlerkolonie. Als es zur ersten Ausstellung auf der Mathildenhöhe »Ein
Dokument Deutscher Kunst« 1901 fertiggestellt wurde, bildete das
als Atelier- und Festgebäude genutzte Haus der ersten sieben Künstler
das Herzstück der Kolonie. Die Sammlung des Museums zeigt deutlich
das breite Formen- und Ausdrucksspektrum des Darmstädter Jugendstils
auf. Es bietet einen schönen Überblick über die Vielfalt der hier entstandenen Arbeiten der 23 Künstler, die in der Zeit ihres Bestehens, von 1899
bis zum Beginn des Ersten Weltkriegs Mitglieder der Künstlerkolonie
waren. Zu sehen sind Wohn-Ensembles und Einzelmöbel aus den Künstlerhäusern und Gegenstände des täglichen Gebrauchs, Glas, Keramik,
Schmuck, Gold- und Silberschmiedearbeiten. Es finden sich aber auch
Arbeiten der darstellenden Künste, wie z.B. Hoetger-Plastiken oder die
Medaille von Bosselt zur Ausstellungseröffnung 1901. Eine weitere Besonderheit sind detailgetreue Architekturmodelle, die dem Besucher
einen räumlichen Eindruck des Ensembles auf der Mathildenhöhe,
insbesondere seinen Zustand vor der Zerstörung im Zweiten Weltkrieg,
vermitteln. Auch das Ernst-Ludwig-Haus wurde nach schwerer Beschä-
digung 1950/51 in vereinfachter Form wieder aufgebaut. Von 1987 bis
1990 erfolgte eine denkmalgerechte Wiederherstellung. Dabei wurden
äußere Form und Fassade des Baukörpers in ihren ursprünglichen Zustand zurückversetzt. Im Innern hingegen wurde die Aufteilung
in einzelne Atelierräume und zentralen Festsaal aufgehoben und der
neuen Museumsnutzung durch eine freie Grundrißeinteilung angepaßt.
Der 1904 von Olbrich an der Nordseite angefügte Backsteinbau des Bild-
hauerateliers beherbergt heute den Museumsshop »ARTikel«, in dem
Kunst- und Kunsthandwerksgegenstände sowie Fachbücher und kleine
Andenken an die Jugendstilepoche verkauft werden. Wer nach einem
Rundgang noch mehr aus dieser Zeit sehen möchte, findet in der
Jugendstilsammlung des Hessischen Landesmuseums ein breites
Spektrum an Arbeiten des internationalen Jugendstils sowie weitere
Arbeiten von Künstlern, die in Darmstadt tätig gewesen sind.

Flair im Süden der Stadt: Bessungen

Bis 1888 war Bessungen eine eigenständige Gemeinde und bis heute schlägt sich die Erinnerung an die frühere Selbständigkeit noch in dem verbreiteten Gefühl nieder, in erster Linie Bessunger und dann erst Darmstädter zu sein.

Der südlich an die Innenstadt anschließende Stadtteil erstreckt sich zwischen der Heinrichstraße und der Landskronstraße. Westlich wird er vom Donnersbergring, östlich von der Klappacher Straße begrenzt.

Die Hauptsehenswürdigkeiten sind der Orangeriegarten, der Prinz-Emil-Garten sowie die älteste Kirche Darmstadts, die evangelische Petruskirche. Auch der Jüdische Friedhof befindet sich hier.

Als Ausgangspunkt für einen Rundgang durch Bessungen bietet sich der **Prinz-Emil-Garten** an, der direkt an der Heidelberger Straße gelegen ist und gut mit öffentlichen Verkehrsmitteln erreicht werden kann. Von 1772–75 wurde er für den hessischen Kanzler Friedrich Karl Moser errichtet und sollte dem Darmstädter Publikum als Beispiel des guten Geschmacks dienen. Von der ursprünglichen Bebauung mit Pavillon im chinesischen Stil, Tempel und künstlicher Ruine ist heute nichts mehr erhalten. Auch das **Schlösschen** wurde nach seiner Zerstörung im Zweiten Weltkrieg nur äußerlich originalgetreu wieder errichtet. Die Teichanlage wurde 1987/88, nachdem sie 1945 zugeschüttet worden war, erneuert. Nach der Entlassung Mosers 1780 wurde der Park vom späteren Großherzog Ludwig gekauft und kam schließlich 1830 in den Besitz seines Sohnes, des Prinzen Emil.

Verlässt man den Garten auf dem Weg oberhalb des Teichs in südlicher Richtung und folgt der Eichwiesenstraße, trifft man auf die Bessunger Straße. Hier befindet sich, an der Hangseite links, die älteste Kirche des Stadtgebiets. Erstmals erwähnt wird die Pfarrkirche St. Johannes (heute ev. **Petrusgemeinde**) in einer Kaiserurkunde aus dem Jahre 1002. Teile der ursprünglichen Bausubstanz sind noch erhalten und erkennbar. Hält man sich links und folgt dem Verlauf der Bessunger Straße, erreicht man die

Der Orangeriebau im Bessunger Herrngarten

Niederstraße, gleich das erste Haus links hinter dem Supermarkt ist das restaurierte ehemalige **Henkershaus** von 1744. Im 18. Jahrhundert wurde das Haus von der Scharfrichter-Familie Schönbein bewohnt.

Nach Osten führt die Jahnstraße mit dem Eingang des **Orangerie-** oder **Bessunger Herrngartens**. Dieser von Louis Remy de la Fosse geplante und 1719–21 ausgeführte Barockgarten wurde in seiner ursprünglich vorgesehenen Bebauung nie verwirklicht. Nur eines der geplanten Gebäude konnte fertig gestellt werden, für das zweite fehlten nach dem Schlossbrand von 1715 die Mittel. Die gesamte Anlage des Parks erstreckt sich über drei Terrassen, das Gebäude befindet sich auf der unteren Ebene. Von hier aus zieht sich der Park an-

steigend nach Süden und bietet dem Besucher einen schönen Blick über die gesamte Anlage, die im Sommer mit ihren Palmen und mediterranen Gewächsen beeindruckt. Vervollständigt wird diese Ansicht durch die auf den verschiedenen Ebenen angelegten Fontänen.

Der **Orangeriebau** hat einen großen Festsaal, der kaum als solcher

Jugendstilelemente in der Moosbergstraße

Fachwerkhäuser in der Ludwigshöhstraße

auf die Seekatzstraße. Hier befindet sich die katholische **Liebfrauenkirche** aus den dreißiger Jahren des letzten Jahrhunderts. Direkt nebenan liegt seit 1839 der **Bessunger Friedhof**. Geht man auf der Seekatzstraße weiter, so gelangt man zum **Jüdischen Friedhof** Darmstadts.

Auch aktuell hat Bessungen einiges an kulturellem Programm zu bieten. Mit dem **Jagdhofkeller** und dem **Jazz-Institut** liegen hier zwei Anlaufpunkte für Jazz-Freunde in direkter Nachbarschaft. Beide befinden sich am Forstmeisterplatz in der oberen Bessunger Straße. Während der Jagdhofkeller durch sein Live-Programm überzeugt, bietet das Jazz-Institut auch vielfältige Möglichkeiten der theoretischen Auseinandersetzung mit der Musik. Der Erwerb der Sammlung von Joachim-Ernst Behrend legte 1983 den Grundstein für das Institut. Diese enthielt neben einer großen Zahl von Tonträgern auch Bücher, Zeitschriften und Bildmaterial zum Thema. Mit diesem Fundus als Basis wurde 1988 die vielbeachtete Ausstellung »That's Jazz. Der Sound des 20. Jahrhunderts« auf der Mathildenhöhe gestaltet.

Eine der europaweit größten öffentlich zugänglichen Sammlungen hat hier ihre Heimat gefunden. Nicht nur den Profis steht diese Sammlung offen, auch der interessierte Laie kann hier auf einen Präsenzbestand von ca. 40.000 Tonträgern, Büchern und Fachzeitschriften zurückgreifen, der bis in

genutzt wurde, da er sehr schlecht zu beheizen war. Hauptsächlich wurde das Gebäude zur Überwinterung der wertvollen Pflanzenbestände des barockenen Gartens verwendet.

Seine intensivste Nutzung erlebte das Gebäude nach dem Zweiten Weltkrieg. Nach der Zerstörung des alten Landestheaters fand hier das Hessische Landestheater seine Spielstatt. Bereits im Dezember 1945 wurde der Spielbetrieb aufgenommen. Unter dem Intendanten Gustav Rudolf Sellner (1951–61) hatte das Provisorium den Ruf einer der besten und einflussreichsten Bühnen Deutschlands.

Verlässt man den Park durch den östlichen Seiteneingang auf der Höhe des Orangeriegebäudes, gelangt man

Prinz-Emil-Schlösschen im Prinz-Emil-Garten

die 20er Jahre des letzten Jahrhunderts zurückgeht.

Ein Höhepunkt für die Freunde des etwas anderen Theaters ist das **Kikeriki-Theater** mit seinen beiden Spielstätten. Hier wird sowohl für Kinder als auch für Erwachsene Puppentheater gespielt, für Kinder (noch) in der Bessunger Straße, das Theater für die Erwachsenen hat in der Comedy Hall in der Heidelberger Straße seine Heimat gefunden. In der umgebauten Bessunger Turnhalle ist das Theater mit angeschlossenem Gastronomiebetrieb untergebracht. Leider ist dies kein Tipp für Kurzentschlossene, da die Stücke meist mehrere Monate im Voraus ausverkauft sind, obwohl der Theatersaal doch immerhin Platz für über zweihundert Besucher bietet.

Das »TAP« (Theater am Platanenhain) liegt im unteren Teil der Bessunger Straße und ist ein kleines, privates Theater, das sich auf leichte Unterhaltung für Groß und Klein spezialisiert hat. Auf dem Programm stehen Boulevardstücke und Buchadaptionen für Kinder.

Die Freunde der klassischen Musik finden mit der **»Akademie für Tonkunst«** in der Ludwigshöhstraße eine erstklassige Anlaufstelle. Hier werden sowohl Profis als auch interessierte Laien ausgebildet. Höhepunkte an der Akademie sind die »Tage für Neue Musik« und die internationalen Klaviermeisterkurse.

Eberstadt mit Aussicht auf die Burg Frankenstein

Die liebenswerten Ecken Eberstadts entdeckt man bei einem Spaziergang, der sich leicht zu einem vielseitigen Tagesausflug ausdehnen lässt. Über viele Jahrhunderte hinweg war Eberstadt eine selbständige Gemeinde und wurde 1937, zusammen mit dem Stadtteil Arheilgen, nach längerem Drängen der Stadt Darmstadt eingemeindet. Der Ort blickt auf eine lange Geschichte zurück.

Eberstadt wurde erstmals 782 genannt, als es in einer Schenkungsurkunde dem Kloster Lorsch vermacht wurde, welches hier noch bis zu Beginn des Mittelalters Eigentum besaß. Am günstigsten erreicht man den Ort mit den Straßenbahnlinien 6/7/8, welche man an der Haltestelle »Modaubrücke« verlässt. Schon seit 1886 besteht die Schienenverbindung nach Eberstadt, die bis 1914 von einer Dampfstraßenbahn befahren wurde. In den Sommermonaten ist es heute an den Wochenenden wieder möglich, an diesem besonderen Erlebnis mit original kostümierten Lokführern und Schaffnern unter anderem auf der

Strecke vom Darmstädter Schloss bis zum Eberstädter Friedhof teilzuhaben. Direkt an der Modaubrücke trifft man auf dem kleinen Platz neben der Apotheke auf ein Stück Eberstädter Geschichte. 1564 wurde hier das erste Eberstädter Rathaus errichtet, das 1823 an die jüdische Gemeinde verkauft wurde. 1914 wurde das baufällige Gebäude abgerissen und die Eberstädter Synagoge errichtet, die in der Pogromnacht vom neunten auf den zehnten November 1938 niedergebrannt wurde. Hieran erinnert heute nur noch der flache Gedenkstein auf dem nicht wieder bebauten Grundstück. Folgt man der Modaupromenade von hier aus nach Osten, trifft man linker Hand auf die Rückseite des neuen Rathauses mit dem in Bronze gegossenen **Eber**. Daneben lädt in der ehemaligen Gerberei die Stadtteilbibliothek mit Blick auf die Modau zum Schmökern und Verweilen ein. Direkt gegenüber, an zwei Seiten von der Modau umflossen, liegt der Eberstädter **Bauerngarten**. Geöffnet von April bis November, kann hier auf schmalen Wegen um geometrische, in Buchsbaum gefasste, üppig blühende Rosen- und Gartenblumenfelder flaniert werden, umrahmt von kleinen Obstbaumwiesen. Die Modaupromenade führt auf fast drei km Länge durch altes und neues Siedlungsgefüge. In der Oberstraße trifft man auf eine Reihe sehr schön restaurierter Fachwerkhäuser, unter ihnen die **Geibel'sche Schmiede**, deren Besuch vor allem vor Weihnachten und Ostern lohnt, wenn hier die beliebten Kunsthandwerksmärkte stattfinden. Schon weithin aus vielen Richtungen sichtbar erhebt sich im südlichen Teil des alten Ortskerns auf der Eberstädter Flugsanddüne die evang. **Dreifaltigkeitskirche**. Sie ist der älteste der Eberstädter Kirchenbauten, 1998 feierte sie ihr 475-jähriges Kirchenfest. Bis 1851 hieß sie Laurentiuskirche. 1911/12 wurde sie umfassend umgebaut und die Decke und der Chorraum reich mit Ornamenten geschmückt. Ihre heutige Ausgestaltung erhielt sie bei einem erneuten Umbau 1960/61. Im Inneren finden sich noch einige Relikte aus der Herrschaftszeit der Frankensteiner.

Im Südwesten Eberstadts kann der interessierte Spaziergänger ein einzigartiges Naturschutzgebiet entdecken: die **Ulvenbergdüne**. Hier versucht man zu schützen, worüber sich viele Eberstädter Gartenbesitzer immer wieder ärgern, den sandigen, mageren Boden. Im Laufe von Jahrtausenden hat sich darauf eine einzigartige Steppenflora entwickelt; vieles, was hier noch grünt und blüht, steht auf der Roten Liste der gefährdeten Pflanzen. Darunter Orchideenarten und der »Darmstädter Lein«, ein blau blühender, an Glockenblumen erinnernder Verwandter der Flachspflanze.

Ein weiteres beliebtes Ausflugsziel der Eberstädter sind die **Streuobstwiesen**, die im Nordosten an die Villenkolonie angrenzen. Ein prächtiges Blütenmeer im Frühjahr, eine kulinarische Schatzkiste für alte und selten gewordene Apfelsorten und viele andere Obstsorten im Spätsommer. Einen Höhepunkt des Rundgangs über die Streuobstwiesen bildet der Aufstieg auf den **Prinzenberg**. Von hier oben liegen dem Spaziergänger bei klarem Wetter Eberstadt, die

Das Wahrzeichen von Eberstadt

Ausläufer des Odenwaldes mit der Burg Frankenstein und die weite Rheinebene zu Füßen.

Ihren Spitznamen »Gaasehenker« verdanken die Eberstädter einer kleinen Anekdote, nach der ein Bauer seine Ziege an der heruntergelassenen Bahnschranke festgebunden hatte, um dann ins Wirtshaus einzukehren. Als er seine Ziege nach dem Zechen abholen wollte, fand er sie erhängt an der mittlerweile geöffneten Schranke wieder.

Auf der ersten nennenswerten Anhöhe des vorderen Odenwaldes steht auf knapp 400 Meter Höhe die erste einer Reihe von Burgen entlang der Bergstraße, die **Burg Frankenstein**. Von den Eberstädtern als ihr Hausberg angesehen, gehört der Frankenstein jedoch zur Gemarkung Nieder-Beerbach. Das beliebte Ausflugsziel erreicht man über Wanderwege von Eberstadt oder Malchen aus, es kann aber auch bequem mit dem Auto angefahren werden.

Erstmals urkundlich erwähnt wird die von Konrad Reiz von Breuberg errichtete Burg 1252. Die Herrschaft der Frankensteiner dauerte über 400 Jahre an. Auch das Dorf Eberstadt gehörte zu ihren Besitzungen.

Im 14. und 15. Jahrhundert wurde die Burganlage erweitert und im 16. Jahrhundert nochmals verstärkt. Zwischen 1400 und 1450 entstand der Brückenturm. Zur Burginnenseite hin blieb er offen, damit Belagerer sich darin nicht verbergen konnten. Einen

Kirchturm der Dreifaltigkeitskirche

Bergfried zum Schutze der Bewohner gab es nicht. Um 1450 wurde die spätgotische Kapelle im Vorhof errichtet. Seit 1853 befinden sich in ihr die Grabsteine der Frankensteiner.

Die Herren von Frankenstein waren keine allzu mächtigen Burgherren. Ständige Streitereien innerhalb der Familie und mit den Landgrafen von Hessen führten 1661/62 zum Verkauf der Burg sowie aller Besitzungen an den Landgrafen Ludwig VI. von Hessen-Darmstadt.

Das Desinteresse der Landgrafen führte zum Verfall der Burganlage. Von Feinden eingenommen oder zerstört wurde sie jedoch nie. In der Folgezeit wurde die Einrichtung geplündert und von einer geschäftstüchtigen Sergeantenfrau verkauft. Steine und andere Baumaterialien wurden für den Bau von Häusern abgetragen. Erst in der Romantik erwachte das Interesse an der Burg wieder. Königin Luise von Preußen begeisterte sich bei einem Besuch für sie. 1835 begannen Restaurierungsarbeiten, u.a. an der Kapelle, die lange Zeit als Stall gedient hatte. Im Jahre 1893 wurden Erneuerungsarbeiten, die in erster Linie den Bestand der Ruine sichern sollten, abgeschlossen.

Im 16. Jahrhundert waren die Frankensteiner für einen ungewöhnlichen Brauch bekannt, das sogenannte »Frankensteiner Eselstellen«. Auf das Verlangen der Darmstädter und auch der Bessunger mussten sie einen Esel zur Verfügung stellen, auf dem die Frauen, die ihre Männer geschlagen hatten, unter dem Spott des Volkes durch die Straßen geführt wurden.

Weltweite Bekanntheit erlangten die Frankensteiner jedoch nach dem Besuch der Burgruine durch Mary Shelley Anfang des 18. Jahrhunderts. Ihrem Roman von 1818 gab sie daraufhin den Titel »Frankenstein«.

Die Burgruine dient heute mit Ihren geheimnisvollen Durchwe-

Im Hof des »Haus der Vereine«

gungen, mit versteckten Ecken und Winkeln alljährlich im Spätherbst einem insbesondere bei amerikanischen Touristen beliebten Gruselspektakel »Halloween«.

ADRESSE

Burg Frankenstein

Burgrestaurant
64367 Mühltal
Tel.: 06151 · 54 61 8

Die Aussichtsterrasse des Cafés und Restaurants bietet den Besuchern einen großartigen Fernblick über die Rheinebene bis hin zum Taunus.

Der Hauptbahnhof

von J. Friedrich Pützer

Der Darmstädter Hauptbahnhof befand sich ursprünglich am Steubenplatz, dem jetzigen Standort der Kunsthalle. Er wurde jedoch zu Beginn des zwanzigsten Jahrhunderts verlegt, da eine Verkehrsanbindung an die neu entstehenden Wohn- und Industriegebiete notwendig wurde. Außerdem wurde aufgrund des wachsenden Tourismus der Gründerjahre der Ausbau von Reise-Komfort und Fahrplänen erforderlich. Zusätzlich erschien die Verlegung des Bahnhofs und der Neubau von Brücken und Kanälen kostengünstiger als die Umbauten rund um den alten Standort.

Deshalb schrieb die Stadt 1908 einen Wettbewerb aus, bei dem Josef Maria Olbrich den dritten Platz belegte. Der erste Preis ging an Johann Friedrich Pützer. Pützer war der bedeutendste Stadtarchitekt der Zeit, er baute auch den Nord- und Südbahnhof, die Pauluskirche und den Pützerturm beim physikalischen Institut der TU Darmstadt. Die Standortverlegung des Bahnhofs war nicht ohne Hindernisse. Da die Schienen tiefer gelegt werden sollten, mussten tausende von Kubikmetern Erde verschoben und zahlreiche Brücken gebaut werden. Am 28.4.1912 konnte schließlich der neu errichtete Bahnhof eingeweiht werden. Er entsprach auf der einen Seite ganz den funktionellen Ansprüchen, war aber auf der anderen Seite auch höchst repräsentativ. Die in der Jugendstilstadt Darmstadt ankommenden Reisenden wurden nun bereits im Bahnhofsgebäude von Elementen dieser Epoche begrüßt. Nach umfangreichen Sanierungs- und Rückbaumaßnahmen in den letzten Jahren erstrahlt insbesondere die Eingangshalle wieder in neuem, alten Glanz. Jugendstilelemente prägen das ganze Bauwerk, lohnenswert ist der Besuch des Fürstenbahnhofs, der heute einen Café- und Restaurantbetrieb beheimatet. Im Untergeschoss, mit direktem Zugang zu den Gleisen, befindet sich der Fürstensaal, der besonders prächtig ausgestaltet ist und für Veranstaltungen gemietet werden kann. Hinter dem Hauptbahnhof befindet sich mit der Weststadt ein noch im Ausbau befindliches Viertel Darmstadts, in dem circa 30.000 Menschen arbeiten und das um die 12.000 Einwohner hat. Das Viertel wird momentan noch überwiegend gewerblich genutzt, dies soll sich jedoch mit gezielter Stadtplanung ändern.

DA·FÜR

lohnt es

sich besonders

Zeit zu nehmen

Das Darmstädter Schloss
und der Marktplatz

Hessisches Landesmuseum: Vielfalt des Wissens

Das Hessische Landesmuseum in Darmstadt ist eines der wenigen »Universalmuseen« Deutschlands. Während Museen sich üblicherweise auf die Präsentation eines Fachgebiets beschränken, werden dem Besucher hier die verschiedensten Disziplinen fachgerecht nahe gebracht.

Den Grundstock für die Sammlungen, die bis zur Eröffnung des Museumsneubaus im Jahre 1906 im Darmstädter Schloss untergebracht waren, bildet vor allem die Sammlung von Großherzog Ludwig I. (1753–1830). Die Auswahl an Naturalien und physikalischen Apparaturen geht hauptsächlich auf die Mutter Ludwigs, Landgräfin Karoline, zurück. Ludwig hat in seiner Amtszeit bedeutende Kunstwerke für das Museum erworben. 1802 konnte er druckgrafische Werke Dürers und Rembrandts ankaufen. 1805 kam die bedeutende Sammlung des Kölner Barons von Hüpsch hinzu, unter der sich Elfenbeinarbeiten und Gemälde des Mittelalters, aber auch Mineralien, Fossilien und archäologische Funde befanden.

Drei Jahre später wurden dem Museum vom Baseler Kaufmann Nikolaus Reber 52 Gemälde des 17. und 18. Jahrhunderts geschenkt.

Im 20. Jahrhundert konnte das Museum weitere wichtige Exponate erwerben. Anfang des 20. Jahrhunderts wurde die »Galerie des 19. Jahrhunderts« durch die Stiftung bedeutender Werke Arnold Böcklins bereichert. Der Erweiterungsbau für die Kunst des 20. Jahrhunderts wurde 1984 eröffnet.

Verschiedene Sammlungen

Malerei

mittelalterliche Tafelmalerei und Altäre (Lucas Cranach, Hans Holbein d.J.) Malerei bis 1750 (Pieter Brueghel, Peter Paul Rubens, Antonis van Dyck, Louis Le Nain, Rembrandt) Malerei bis 1900 (Johann Conrad Seekatz, Anselm Feuerbach, Arnold Böcklin, Eugen Bracht) Malerei der klassischen Moderne (Lovis Corinth, Max Beckmann, Ernst Ludwig Kirchner)

Hessisches Landesmuseum Darmstadt

Gegenwartsmalerei (Gerhard Richter, Georg Baselitz, Sigmar Polke)
Tiefe Blicke – Malerei der 80er Jahre (180 Werke junger deutscher Künstler)

Glasmalerei

mittelalterliche Kirchenfenster
Glasmalerei der frühen Neuzeit bis in die Gegenwart
Heiligenkopf aus dem Kloster Lorsch (9. Jahrhundert)

Druckgrafik/Handzeichnungen

Stiche und Holzschnitte von Dürer und Rembrandt
frühe Druckgrafik des 15. und 16. Jahrhunderts

deutsche (Fohr, Lucas, Schilbach), italienische (Michelangelo, Botticelli, Tintoretto, Bellotto), französische (Callot, Watteau) und niederländische (Rembrandt, Goltzius, Ruisdael) Zeichnungen des 16.–19. Jahrhunderts

Skulptur und plastische Werke

mittelalterliche Skulpturen
Skulpturen des Barock
Skulpturen auch des 19. Jahrhunderts (Klinger, Maillol, Meunier)
Werkkomplex Joseph Beuys

Kunsthandwerk

Gegenstände aus Elfenbein und Edelmetall mit Bildhandschriften des MA.

Goldschmiedearbeiten des 16.–19. Jahrhunderts

Kunsthandwerk und Möbel des Jugendstils (Josef Maria Olbrich, Peter Behrens, René Lalique, Henry van de Velde)

Keramik- und Hohlglassammlung

Möbel (17. und 18. Jahrhundert)

Kostüme und Kleidung aus der Zeit des Dreißigjährigen Krieges und aus dem 18. Jahrhundert

Münzkabinett

historische Waffen

historische Rüstungen

Musikinstrumentensammlung

Archäologie

Altsteinzeit bis 9. Jahrhundert n. Chr.

Bodenfunde aus der Region

Ägyptica

etruskische und griechische Vasen

provinzialrömische Archäologie

Geologisch-Paläontologische und Mineralogische Abteilung

Mineralien und Gesteine

Sammlung zur Lagerstättenkunde

Sammlung von Werksteinen

Fossile Pflanzen

Fossile Wirbeltiere (Amphibien, Vögel, Fische, Reptilien)

Historische Sammlung von tertiären Säugetieren

Fossile wirbellose Tiere (Einzeller, Schwämme, Hohltiere, Weichtiere, Gliederfüßler u. a.)

Nachbau eines Rudistenriffs/Kreide

Fossilien aus der Grube Messel

Zoologische Abteilung

Tiere der Region (Kleinsäuger, Vögel, Reptilien, Amphibien, Fische, Insekten, Schnecken, Muscheln, Tierbauten, ausgestorbene Tiere)

Tiere aus aller Welt (Wirbeltiere, Fische, Amphibien, Reptilien, Vögel, Säugetiere)

Tiere ihres geographischen Gebietes

Tiere in ihren charakteristischen Landschaften

Menschenaffen und ihre Skelette im Vergleich zu menschlichen Skeletten

wirbellose Tiere (speziell des tropischen Korallenriffs)

MUSEEN

Wo und Wann?

Hessisches Landesmuseum

Friedensplatz 1
64283 Darmstadt
Tel.: 06151·16 57 03

Di.–Sa. 10–17 Uhr; Mi. 10–20 Uhr; So. 11–17 Uhr. Regulärer Eintritt 2,50 Euro.

Fossilien- und Heimatmuseum

Langgasse 2
64409 Messel
Tel.: 06159·51 19

Mai–Oktober: Di.–So. 14–17 Uhr
November–April: Sa./So. 14–16 Uhr
Sonn- und Feiertage 10–12 Uhr

Spektakulärer Fossilienfundort

Die Grube Messel

Seit dem 9. Dezember 1995 gehört die Grube Messel, die heute Eigentum des Landes Hessen ist, zum Weltnaturerbe. Spektakulär waren die Funde fossiler Tiere und Pflanzen, die hier gemacht wurden. Die fossilen Tiere sind meist als vollständige Skelette mit Weichteilkonturen, also zum Beispiel mit Haaren, Federn oder Mageninhalt erhalten und somit für die Wissenschaft besonders aufschlussreich. Die Weichteile sind jedoch nicht direkt erhalten, sondern ihre Konturen wurden bis in die Details von »versteinerten« Bakterien nachgezeichnet. So können Erkenntnisse über Aussehen und Ernährungsweise inzwischen ausgestorbener Tiere gewonnen werden. Während des Eozän vor 54 bis 35 Millionen Jahren war der Messeler See und seine Umgebung bei einem Klima mit durchschnittlichen Temperaturen um die zwanzig Grad Celsius Lebensraum für eine reichhaltige Tier- und Pflanzenwelt. In der Grube wurden bisher einige Zehntausend fossile Individuen geborgen, darunter zahlreiche Fische, Insekten, Vögel, Reptilien und Säugetiere. Das erste Fossil, die Reste eines Krokodils, wurde 1875 bei Braunkohlegrabungen im Bereich der heutigen Grube geborgen. 1966 fanden zum ersten Mal planmäßige Grabungen statt. Da vermehrt Privatpersonen in der Grube Messel nach Fossilien suchten, wurde das Gebiet rund um den See 1975 für die Öffentlichkeit geschlossen. 1975 begann auch das Frankfurter Senckenbergmuseum sich an den Grabungen zu beteiligen, weitere sieben Museen und Forschungsstätten erhielten eine Grabungserlaubnis. Die Säugetiere machen unter den Funden nur einen geringen Anteil von 1,5–2 % aus, besonders bekannt wurden ein Ameisenbär, Schuppentier-Funde, Fledermäuse sowie über 70 Exemplare des berühmten Messeler Urpferdchens. Zwischen 1975 und 1986 wurden allein 32 Urpferde gefunden. Seit 1979 werden im Hessischen Landesmuseum in Darmstadt Funde aus der Grube Messel in einem gesonderten Ausstellungsbereich gezeigt. 1997 wurde eine Besucherplattform am Rand der Grube gebaut, die jedoch nur nach Anmeldung und mit Führung zu betreten ist. Von hier aus kann man die Forscher bei ihren Grabungen beobachten.

Auf den Spuren von Gutenberg im Haus für Industriekultur

Durch die Weiterentwicklung der Druckmaschinen und Computertechnologie geraten die Ursprünge der Drucktechnik immer mehr in Vergessenheit.

Sowohl Hand- und Maschinensatz als auch der Hochdruck (Buchdruck) werden heute nur noch zu besonderen Anlässen und kaum noch industriell praktiziert. In Darmstadt bietet sich im Haus für Industriekultur dem Besucher auf eine einzigartige Weise die Möglichkeit, zu erleben und zu verstehen, wie sich die Drucktechnik seit Gutenberg entwickelt hat. 1999 wurde der Mainzer Johannes Gutenberg, der als der Erfinder des Buchdrucks gilt, zum Mann des Jahrtausends gewählt. Ihm folgen Kolumbus auf Platz 2 und Martin Luther auf Platz 3. Doch was genau war die Erfindung Gutenbergs? Er entwickelte primär die Technik des Gießens und des Setzens von beweglichen Bleilettern (Einzelbuchstaben aus Blei gegossen). Diese werden zu Worten, Zeilen und Seiten zusammengesetzt.

Im Darmstädter Haus für Industriekultur befindet sich mit der Schriftgießerei Gerstenberg im 3. Stockwerk des Hauses die letzte in Deutschland existierende ihrer Art.

Auf der gleichen Etage ist auch die Radier-Werkstatt des Darmstädter Künstlers Gunter Staschik. Der Künstler beherrscht den Kupfertiefdruck und arbeitet in drei unterschiedlichen Techniken: Ätzradierung, Kaltnadel und Aquatinta.

Im 1. Stock befindet sich die Handsetzerei, die über einen beachtlichen Bestand an Schriften verfügt. Hier kann der Besucher zuschauen, wie einzelne Bleilettern aus einem Setzkasten genommen und in einem Winkelhaken zu einem Text zusammengefügt werden. Der fertige Text, der dann mit einer Schnur (Kolumnenschnur) zusammengebunden wird, kann nun zum Drucken weitergegeben werden. Die Technik des Handsatzes, von Gutenberg Mitte des 15. Jahrhunderts entwickelt, blieb bis zum Ende des 19. Jahrhunderts nahezu unverändert. 1886 entwickelte Ottmar Mergenthaler (1854–1899) in den USA die erste funktionsfähige Linotype, eine Zeilensetz- und gießmaschine.

Außenansicht vom Haus für Industriekultur in der Kirschenallee

Der Maschinensatz war geboren. In Deutschland wurde die erste Linotype 1903 gebaut. Im Darmstädter Haus für Industriekultur sind fast alle Modelle, die zwischen 1903 und 1971 in Serie gingen, vorhanden und chronologisch angeordnet, so dass der Besucher die einzelnen Entwicklungsschritte nachvollziehen kann. Bei der Herstellung von Büchern und Zeitschriften in der ursprünglichen Form ist das Gießen der Lettern der erste Schritt, das Setzen zu einem Text der zweite und schließlich der Druck auf Papier oder einen anderen Beschreibstoff der dritte Schritt. Gutenberg nutzte hierfür noch Holzpressen, die erste gusseiserne Handpresse wurde um 1800 von Charles Stanhope in England gebaut. Nach 1814 wurden dann in England die ersten Schnellpressen gebaut. Ein weiterer Schritt in der drucktechnischen Entwicklung ist die Rollenrotationsmaschine, die mit Endlospapierrollen arbeitet und für den Zeitungsdruck Verwendung fand. Alle Entwicklungen der Druckpressen seit dem Beginn des 19. Jahrhunderts

Linotype, Zeilensetz- und gießmaschinen

Stopp-Zylinder-Schnellpresse um 1850

lassen sich in dem Museum nachvollziehen. Der Besucher kann sowohl Hochdruckpressen (Buchdruckpressen) als auch in der Lithographie-Werkstatt die Flachdruckpressen aus nächster Nähe besichtigen.

Entscheidend für das Verständnis aller beschriebenen Vorgänge und Techniken ist, dass im Museum aktiv gearbeitet wird. Das heißt, dass sich in allen Abteilungen ehrenamtliche Mitarbeiter und Mitarbeiterinnen befinden, die die einzelnen Techniken beherrschen und dem Besucher vermitteln können. Für Kinder, Jugendliche und Erwachsene werden Workshops zu den verschiedenen Sparten des Hauses angeboten. So gelingt es, die Drucktechnik, die als eine der Schlüsseltechniken zur Entstehung der modernen Gesellschaft beigetragen hat, in ihrem kulturellen und historischen Aspekt zu vermitteln.

Die Gründung des Hauses für Industriekultur geht zurück auf eine Initiative von Prof. Helmut Böhme, dem damaligen Präsidenten der TU Darmstadt. 1986 wurde der Trägerverein »Haus für Industriekultur e.V.«

gegründet. Ziel des Vereins ist die Förderung und Pflege der Industriekultur und die Errichtung eines tätigen Museums. 1986 wurde von dem Verein der Bestand der liquidierten Schriftgießerei D. Stempel A.G. in Frankfurt am Main übernommen, welcher noch heute Hauptbestandteil der Sammlungen des Hauses ist. 1992 wurde der heutige Sitz des Museums, die im Jugendstil 1906 erbaute ehemalige Möbelfabrik Alter, gekauft und im Jahre 1996 konnten die Pforten des Museums für die Besucher geöffnet werden.

Seit dem 1. Januar 2002 ist das Haus für Industriekultur eine Außenstelle des Hessischen Landesmuseums der Stadt Darmstadt.

ADRESSE

Haus für Industriekultur

Kirschenallee 88
64293 Darmstadt
Tel.: 06151 · 89 91 76

Dienstag und Freitag: 10–12 Uhr.
Donnerstag: 15–17 Uhr.
sowie jeden letzten Samstag im Monat von 14–17 Uhr.

Der Eintritt kostet 2,50 (0,50) Euro.
Für Schulklassen ist der Eintritt frei.
Um Anmeldung wird gebeten.

Der letzte deutsche Schriftgießer Rainer Gerstenberg

Wie aus Blei Buchstaben werden

Im Haus für Industriekultur befindet sich die letzte Werkstatt eines gelernten Schriftgießers in Deutschland. Weltweit kann man die noch arbeitenden Schriftgießer an zwei Händen abzählen. Mit der Kunst der Schriftgießerei geht eine Kultur verloren – die Kultur des Buchdrucks, welche noch auf die Techniken von Johannes Gutenberg zurückgreift. Gutenberg war es, der den Druck mit beweglichen Einzellettern erfunden hat. Rainer Gerstenberg ist einer der wenigen, der diese Bleilettern noch gießen kann.

Nachdem er im Jahre 1964 seine Lehre bei Deutschlands größter Schriftgießerei, der D. Stempel AG, abgeschlossen hatte, konnte er dort noch 25 Jahre seinen Beruf ausüben, bis die Firma liquidiert wurde. Nach ihrer Schließung wagte Gerstenberg den Schritt in die Selbständigkeit und erhält damit eine Kunst am Leben, die heutzutage immer weniger in Anspruch genommen wird. Seit 1997 befindet sich seine Werkstatt im Haus für Industriekultur.

Sein Inventar setzt sich aus den Beständen von 25 ehemaligen europäischen Schriftgießereien zusammen. Rainer Gerstenberg hat in seiner Werkstatt einen weltweit einmaligen Maternschatz von circa fünf Millionen Matern. Nur der Buchstabe oder das Zeichen, das als Mater (Gießform für Lettern) vorhanden ist, kann als Bleiletter gegossen werden. Der Maternbestand umfasst die verschiedensten Schriften aus aller Herren Länder.

In Zusammenarbeit mit seiner Partnerfirma Fruttiger aus der Schweiz beliefert er Kunden aus der ganzen Welt, von Frankreich und Italien über den Iran bis nach Afrika, die USA oder Japan.

Entdeckungsreise zu Schätzen der großherzoglichen Familie

Während seiner Regierungszeit ließ der Großherzog Ernst Ludwig (1868 –1937) seine Kunstschätze ordnen. Um diese der Öffentlichkeit präsentieren zu können, wurden zu Beginn des 20. Jahrhunderts drei Museen eröffnet, die die verschiedenen Schwerpunkte der Sammlungen aufzeigen.

Im Schlossmuseum, das sich im Darmstädter Residenzschloss befindet, ist die Gemälde-, Möbel- und Kunsthandwerkssammlung der Landgrafen zu besichtigen. Im Prinz-Georgs-Palais wird die umfangreiche Porzellan- und Fayencensammlung der Familie dem Besucher präsentiert und in dem Museum im Jagdschloss Kranichstein kann man sich über die Jagdleidenschaft der Landgrafen informieren, die Waffen und Trophäen besichtigen sowie einiges über die Geschichte der Jagd lernen.

Wer sich eine Vorstellung vom Leben der Landgrafen und Großherzöge in Darmstadt machen möchte, sollte das **Schlossmuseum** besichtigen. Es befindet sich im Glockenbau, dem älteren Teil der Schlossanlage, der am besten über den Marktplatz

zu erreichen ist. Im Schlossmuseum werden dem Besucher Einblicke in das fürstliche Leben über einen Zeitraum von 250 Jahren ermöglicht. Den Grundstock des Museums bildet eine Sammlung von Möbeln, Gemälden und Kunsthandwerk der großherzoglichen Familie. Im Erdgeschoss des Gebäudes, im ehemaligen Marstall, befinden sich die fürstlichen Kutschen, Schlitten und Sänften. Darunter ist als wertvollstes Stück die vergoldete Gala-Berline von Ludwig VIII. (1691– 1768), die circa 1750 gebaut wurde.

Neben fürstlichen Portraits, Stadt- und Landschaftsansichten von der Stadt Darmstadt und der näheren Umgebung ist das wichtigste Gemälde die Darmstädter Holbein-Madonna, die Hans Holbein d.J. 1526 gemalt hat.

Des Weiteren werden im Schlossmuseum die Wohnräume der Landgräfin Karoline gezeigt, die im Stil des achtzehnten Jahrhunderts eingerichtet sind, sowie die Kaiserzimmer, die für kaiserlichen Besuch hergerichtet wurden und die die höfische Wohnkultur des neunzehnten Jahrhunderts darstellen. Neben den Möbeln und

Gemälden gehören kunsthandwerkliche Gegenstände wie die Ziergläser des Jugendstilkünstlers Josef Emil Schneckendorf (1865–1949) zu den Exponaten. Höfische Kleidungsstücke der Königin Luise von Preußen und ihrer Schwester Friederike sowie die Militärsammlung mit Uniformröcken von Radetzky, Bismarck, Kaiser Wilhelm I., Kaiser Friedrich I. und Kaiser Franz Joseph runden den Einblick in das höfische Leben des 18. und 19. Jahrhunderts ab. Das Museum kann nur im Rahmen einer Führung besichtigt werden.

Am nördlichen Ende des Herrngartens befindet sich das Prinz-Georgs-

Der Glockenbau im Innenhof des Schlosses

Palais mit seiner Porzellansammlung. Aufgrund seiner heutigen Nutzung wird das Palais auch **Porzellanschlösschen** genannt. Hier wird die Geschichte der höfischen Porzellankunst seit ihrem Beginn im frühen achtzehnten Jahrhundert bis ins späte neunzehnte Jahrhundert aufgezeigt. Das ausgestellte Porzellan stammt aus dem Familieninventar der großherzoglichen Familie. Anhand der einzelnen Objekte lassen sich die Verbindungen und Beziehungen zu europäischen Adelshäusern herstellen. So ist ein Schwerpunkt der Ausstellung Porzellan aus der Kaiserlich-Russischen Porzellanmanufaktur St. Petersburg, welches die Familie von den ihnen verwandtschaftlich verbundenen russischen Zaren als Geschenk erhielt. Im Mittelpunkt der Sammlung steht das Kelsterbacher Porzellan, das in der Hessen-Darmstädtischen Kelsterbacher Manufaktur hergestellt wurde. Die Manufaktur ließ der Landgraf Ludwig VIII. von Hessen-Darmstadt (1691–1768) 1761 im nahe gelegenen Kelsterbach errichten. Außerdem werden Porzellan und Fayencen aus den Manufakturen in Berlin, Meißen, Nymphenburg, Wien, Höchst und Frankenthal ausgestellt. Immer wieder stößt man in dem Museum auf filigran gestaltete Exponate, deren Sinn sich auf den ersten Blick nicht erschließen lässt. Aus diesem Grund ist eine Führung durch das Museum empfehlenswert. Bei dieser erfährt man sowohl einiges über die Geschichte des Hauses und die großherzogliche Familie als auch interessante Details zu einzelnen Exponaten.

Der Landgraf Georg I. von Hessen-Darmstadt (1547–1596) ließ das

Das Eisenbahnmuseum in Darmstadt-Kranichstein

Mit Volldampf voraus

Die Entwicklung der Eisenbahn war für Europa im Zeitalter der Industrialisierung unentbehrlich. Sie wird als der entscheidende Motor der
Industrialisierung angesehen. Das Eisenbahnmuseum Kranichstein
besteht seit mehr als 25 Jahren und befindet sich auf dem Gelände des
ehemaligen Bahnbetriebswerks Darmstadt-Kranichstein.

Auf dem Museumsgelände können vierzehn verschiedene Dampflokomotiven, dreizehn Diesellokomotiven, drei Elektrolokomotiven und
drei Triebwagen sowie ca. einhundert Waggons besichtigt werden. Zwei
der Dampflokomotiven stammen aus dem neunzehnten Jahrhundert
(1887 und 1893). Außerdem befindet sich auf dem Gelände eine Dauer-
ausstellung zu dem Thema »Fahrkarten in Deutschland«. Hier wird
anhand von ca. 300 farbigen Abbildungen die Geschichte der Fahrkarten
ab 1857 dargestellt, zusätzlich gibt es Fahrkartenautomaten und Druckmaschinen zu besichtigen.

Das Museum ist ein lebendiger Ort, an dem gearbeitet wird und dessen wichtigstes Ziel es ist, die Lokomotiven nicht nur auszustellen, sondern auch funktions- bzw. fahrtüchtig zu erhalten. Es lebt und überlebt
durch die Mithilfe von über 50 ehrenamtlichen Mitarbeitern, die in ihrer
Freizeit reparieren und instand halten und Führungen durch das Museum anbieten.

Besonders lohnenswert ist der Besuch des Museums an den sogenannten Dampftagen, hier finden Fahrten in den historischen Lokomotiven auf verschiedenen Strecken im Großraum Darmstadt statt. So fährt
die alte Dampfstraßenbahn zum Beispiel vom Darmstädter Schloss bis
zur Griesheimer Wagenhalle oder von der Eberstädter Straßenbahn-
wagenhalle bis nach Alsbach.

Jagdschloss Kranichstein zwischen 1571 und 1580 zusammen mit Wirtschaftsgebäuden und einer Fasanerie errichten sowie einen Hirschgarten und den Fischteich anlegen. Als Architekten wählte er Jakob Kesselhuth.

Das Schloss ist eines der ersten in Hufeisenform angeordneten Bauwerke in Deutschland und ist heute von Bedeutung, da es zu einem der wenigen erhaltenen deutschen Jagdhöfe der Barockzeit gehört.

Im achtzehnten Jahrhundert wurde das Schloss unter den beiden jagdbegeisterten Landgrafen Ernst Ludwig (1667–1739) und Ludwig VIII. (1691–1768) neu gestaltet.

1917 wurde in dem Jagdschloss von dem letzten Darmstädter Großherzog Ernst Ludwig von Hessen und bei Rhein (1868–1937) in den Räumlichkeiten ein Jagdmuseum errichtet.

Später erwarb die Stiftung Hessischer Jägerhof das Anwesen und 1952 konnte das Jagdmuseum wiedereröffnet werden. Der überwiegende Teil der Ausstellungsstücke stammt aus dem Barock, der Zeit, zu der das Schloss seinen Höhepunkt erlebte und hier höfische Feste und Jagden veranstaltet wurden.

In dem Museum werden neben Gemälden und Wandmalereien Kunstgegenstände gezeigt, die Zeugnis von der barocken Jagdkultur ablegen. Zusätzlich kann sich der interessierte Besucher über die Geschichte der Jagd von der Vor- und Frühzeit bis in die Gegenwart informieren.

Bedeutend ist die Waffensammlung mit Jagdwaffen aus vier Jahrhunderten. In den Fluren des Obergeschosses befindet sich eine Sammlung von Trophäen.

Das in 500 Metern Entfernung liegende Jagdzeughaus wurde zwischen 1688 und 1690 gebaut und 1741 im Auftrag von dem Landgrafen Ludwig VIII. auf seine heutige Länge von 112 Meter erweitert. In dem Gebäude wurden ursprünglich die Pferde und das Jagdgeschirr untergebracht. Ab 1790 kam ein Reiterregiment in den Obergeschossen unter.

Ab 2003 wird das Zeughaus neu saniert und die Parkanlage neu gestaltet werden. Ziel ist es, in dem Haus ein Artenschutzmuseum, ein Zentralmuseum für das Jagdwesen und Schulungsräume zu errichten.

Auf dem Schlossgelände befinden sich mit den Restaurants »Kavaliersbau« und »Der Grill« zwei besondere Gaststätten. »Kultur und Kulinaria« nennen sich die Veranstaltungen, bei denen der Besucher während des Speisens Konzerte und kulturelles Programm genießen kann.

Der Besucher sollte jedoch nicht nur die Schlossanlage besichtigen, sondern sich auch Zeit für einen Spaziergang durch den Park und die ihn umgebenden Walder nehmen. Lohnenswert ist vor allem ein Spaziergang zu dem in drei km Entfernung liegenden Steinbrücker Teich. Am Bachhausteich vorbei führt die Steinbrücker Teichschneise dorthin.

MUSEEN

Wo und Wann?

Museum Jagdschloss Kranichstein

Kranichsteiner Straße 261
64289 Darmstadt
Tel.: 06151·71 86 13

1. April bis 31. Oktober: Mittwoch bis Samstag von 13–18 Uhr. An Sonn- und Feiertagen von 10–18 Uhr.
1. November bis 31. März: Mittwoch bis Samstag von 14–17 Uhr. An Sonn- und Feiertagen von 10–17 Uhr.
Der Eintritt in das Museum kostet 2,70 (1,60) Euro. Die Familienkarte kostet 7,50 Euro.

Prinz-Georgs-Palais

Schlossgartenstraße 10
64289 Darmstadt
Tel.: 06151·71 33 33

Geöffnet: Montag bis Donnerstag von 10–13 und von 14–17 Uhr. Samstags, sonn- und feiertags von 10–13 Uhr.
Der Eintritt kostet 2,50 (1,50) Euro. Die Teilnahme an einer Führung kostet 4 Euro.

Schlossmuseum

Marktplatz 15
64283 Darmstadt
Tel.: 06151·42 03 5

Geöffnet: Montag bis Donnerstag von 10–13 und 14–17 Uhr. Samstag, Sonn- und Feiertage von 10–13 Uhr.
Führungen: Montag bis Donnerstag zwischen 10 und 16 Uhr jeweils zur vollen Stunde, samstags, sonn- und feiertags um 10, 11 und 12 Uhr.
Eintritt: 2,50 (1,50) Euro.

Eisenbahnmuseum Kranichstein

Steinstraße 7
64291 Kranichstein
Tel.: 06151·37 76 00

Das Museum hat jeden Sonntag und von April bis September jeden Mittwoch von 10–16 Uhr geöffnet.
Weitere Termine: Karfreitag, Ostermontag, Tag der Arbeit, Pfingstmontag, Fronleichnam, Tag der Deutschen Einheit immer von 10–16 Uhr.
Der Eintritt kostet an Tagen ohne Zusatzprogramm 4 (2) Euro, an Dampftagen 5 (2,50) Euro.

Linke Seite:
Das Darmstädter Residenzschloss seitlich vom Marktplatz aus gesehen

Literatur und Bibliotheken: ein vielfältiges Angebot

Die Stadtbibliothek im Justus-Liebig-Haus und die Landes- und Hochschulbibliothek im Schloss sind bei der Literatursuche für die Darmstädter die erste Anlaufstelle. Außerdem haben in Darmstadt die Deutsche Akademie für Sprache und Dichtung sowie das deutsche PEN-Zentrum ihren Sitz.

Die **Hessische Landes- und Hochschulbibliothek** ist eine Universitätsbibliothek, die als Landesbibliothek jedoch für die an wissenschaftlicher Literatur interessierte Öffentlichkeit zugänglich ist. Die Büchersammlung des Landgrafen Georg I. (1547–1596) bildete den Grundstock der Bibliothek, deren Gründungsdatum als Darmstädter Hofbibliothek auf das Jahr 1568 zurückgeht, da hier die ersten gezielten Ankäufe für die Sammlung zu belegen sind. Im Jahr 1692 wurde mit Johann Balthasar Moscherosch der erste Bibliothekar eingestellt. Unter Ludewig I. (1753–1830) wuchsen die Bestände der Bibliothek durch den Ankauf von Privatbibliotheken an. Durch die Säkularisation von 1803 gelangten Bestände aus Klosterbibliotheken in ihren Besitz. Der Kölner Baron Johann Wilhelm Adam von Hüpsch (1750–1805) vererbte Ludewig I. seine Kunstsammlungen. Während die Büchersammlung mit mehr als 4.000 Handschriften und Druckwerken in die Bestände der Bibliothek übergingen, bereichert die Kunstsammlung heute die Bestände des Landesmuseums. 1817 wurde die Bibliothek der Öffentlichkeit zugänglich gemacht. 1902 zählte sie über 450.000 Bände und gehörte zu den neun größten Bibliotheken des Deutschen Reichs. 1920 erhielt sie den Titel »Hessische Landesbibliothek«. Während der Brandnacht vom 11. auf den 12. September 1944 erlitten sowohl die Hessische Landesbibliothek als auch die Hochschulbibliothek große Verluste, und so beschloss man 1948 beide Bibliotheken zusammenzulegen, um damit einen Teil der Verluste ausgleichen zu können. Von den bis dahin angesammelten 720.000 Bänden verbrannten in der Landesbibliothek ca. 400.000, die Universitätsbibliothek musste den Verlust von

Datterichbrunnen vor der Stadtbibliothek Darmstadt

80.000 (vormals 120.000) Bänden hinnehmen. Seit 1971 existiert eine Zweigstelle der Bibliothek an der Lichtwiese.

Zu den Besonderheiten des Bibliotheksbestandes gehören 4.000 Handschriften, darunter einige Raritäten. Die älteste unter ihnen ist ein Fragment aus dem fünften Jahrhundert, die ältesten unversehrten stammen aus dem neunten Jahrhundert. Etwa 30% der Handschriften sind in das frühe und das Hochmittelalter zu datieren, der Rest stammt überwiegend aus dem 14. und 15. Jahrhundert.

Die Handschriftensammlung der Hessischen Landes- und Hochschulbibliothek hat internationalen Rang. Besonders stolz ist sie auch auf die Sammlung von 2.200 Inkunabeln. Inkunabeln nennt man die Drucke, die zwischen 1450 und 1500, also unmittelbar nach Gutenbergs Erfindung des Buchdrucks, entstanden sind. Zusätzlich gehören eine Sammlung an Groß-

folianten, wertvolle Einblattdrucke sowie repräsentative Werke des 17.–19. Jahrhunderts zu dem Bibliotheksbestand.

Darmstadts **Stadtbibliothek** befindet sich in einem geräumigen und hellen Anbau des Justus-Liebig-Hauses und umfasst einen Bestand von ca. 230.000 Titeln aus den verschiedensten Bereichen. Besonders schön ist der Lesesaal, in dem man mit Blick auf den Datterichbrunnen in den Büchern sowie einer Auswahl von Tageszeitungen oder Zeitschriften schmökern kann. Neben Büchern gehören CDs, DVDs, Videos und Hörbücher zu dem Bestand. Im Foyer des Justus-Liebig-Hauses finden regelmäßig wechselnde Ausstellungen statt, denn hier ist die **»Kommunale Galerie«** eingerichtet.

Das John-F.-Kennedy-Haus in der Kasinostraße 3 ist Darmstadts Literaturhaus. Hier hat das deutsche Zentrum der internationalen Schriftstellervereinigung **PEN** seinen Sitz. Das PEN-Zentrum wurde 1951 und damit im gleichen Jahr wie die Deutsche Akademie für Sprache und Dichtung, die auf der Mathildenhöhe im Glückert-Haus residiert, neu gegründet.

Neben dem PEN-Zentrum sind im Haus die **Luise-Büchner-Bibliothek** sowie die **Alexander-Haas-Bibliothek** beheimatet. Letztere ist die Bibliothek der Gesellschaft für Christlich-Jüdische Zusammenarbeit, in der es sowohl Bücher, Dias und Schallplatten als auch eine Fülle von Unterrichtshilfen auszuleihen gibt. Die Luise-Büchner-Bibliothek, die nach der Schwester Georg Büchners und einer der ersten deutschen Frauenrechtlerinnen benannt ist, ist eine Präsenzbibliothek des Deutschen Frauenrings. Schwerpunkte liegen auf Literatur zu der Sozialgeschichte der Frauen, der Geschichte der Frauenbewegung, der Geschichte der Frauenbildung und Biographien sowie Briefsammlungen von Frauen. Eine Besonderheit ist die Spezialsammlung mit Literatur von und über Darmstädter Schriftstellerinnen. Auch hat das **Literaturhaus Darmstadt** seinen Sitz hier. Es veranstaltet regelmäßig Lesungen, zu denen meist deutsche Autoren geladen werden.

Im **Jazz-Institut** Darmstadt, das sich in der Bessunger Straße befindet, gibt es eine der größten öffentlichen Jazzsammlungen Europas. Die Sammlung beinhaltet Bücher, Zeitschriften, Noten und Tonträger. Besonders umfassend ist der Bestand an Zeitschriften, die bis in die 1920er Jahre zurückgehen. Insgesamt gibt es hier ca. 950 Zeitschriftentitel mit einem Gesamtbestand von ca. 45.000 Einzelheften.

Im Haus Deiters und im Haus Olbrich auf der Mathildenhöhe hat das **Deutsche Polen-Institut** seinen Sitz. Das Institut sieht sich als Schnittstelle der deutsch-polnischen Beziehungen in den Bereichen Politik, Kultur, Gesellschaft und Wirtschaft. Die Präsenzbibliothek des Instituts hat den Schwerpunkt polnische Literatur, deutsch-polnische Übersetzungen sowie Literatur zu den Beziehungen beider Länder aus den verschiedenen Bereichen und umfasst den beachtlichen Bestand von ca. 43.000 Titeln. Begründer und bis 1998 Leiter des Deutschen Polen-Instituts ist der Schriftsteller und Übersetzer Karl Dedecius, der, in Polen geboren, 1952 in die Bundesrepublik Deutschland übersiedelte und 1990 den Friedenspreis des Deutschen Buchhandels erhielt. Als Übersetzer von Zbigniew Herbert und Wislawa Szymborska, die 1996 den Nobelpreis für Literatur erhielt, wurde er berühmt. Seit 2002 verleiht die Robert-Bosch-Stiftung den »Karl-Dedecius-Übersetzer-Preis«.

Im Johannesviertel befindet sich in Form eines **Bücherschranks** die offene Bibliothek Darmstadts, die für alle ohne Registrierung und ohne feste Öffnungszeiten zugänglich ist. Ziel des Bücherschranks ist es, einen

Bücheraustausch zu initiieren, da jeder, der sich einen Titel herausnimmt, ein anderes Buch in den Schrank legen sollte, so dass das Angebot regelmäßig ausgetauscht wird.

BIBLIOTHEKEN

Wo und Wann?

Hessische Landes- und Hochschulbibliothek

Im Schloss
Innenstadt
Tel.: 06151 · 16 58 00

Die Lesesäle sind von Montag bis Freitag von 9–22 Uhr und Samstag von 9–18 Uhr geöffnet.

Stadtbibliothek
Justus-Liebig-Haus

Große Bachgasse 2
Innenstadt
Tel.: 06151 · 13 27 59

Geöffnet Dienstag und Donnerstag von 10–19 Uhr, Mittwoch und Freitag von 12–17 Uhr und Samstag von 10–15 Uhr.

Stadtteilbibliothek Arheilgen

Untere Mühlstraße 10
Arheilgen
Tel.: 06151 · 37 64 55

Geöffnet Mittwoch und Freitag von 14–17 Uhr und Donnerstag von 10–13 Uhr.

Stadtteilbibliothek Bessungen

Bessunger Straße 3–5
Bessungen
Tel.: 06151 · 13 27 26

Geöffnet Dienstag von 10–12 und von 14–17 Uhr, Mittwoch von 14–17 Uhr und Donnerstag von 15–19 Uhr.

Stadtteilbibliothek Eberstadt

Oberstraße 11 a
Eberstadt
Tel.: 06151 · 13 28 35

Geöffnet Dienstag von 15–19 Uhr, Mittwoch von 14–17 Uhr und Freitag von 10–12 und 14–17 Uhr.

John-F. Kennedy-Haus/
Haus der Literatur

Kasinostraße 3
Innenstadt

In dem John-F. Kennedy-Haus haben mehrere literarische Institutionen und Bibliotheken ihren Sitz.

Alexander-Haas-Bibliothek

Kasinostraße 3
Innenstadt
Tel.: 06151 · 29 24 18

Geöffnet Dienstag und Donnerstag von 16–18 Uhr sowie Donnerstag von 15–17 Uhr.

Luise-Büchner-Bibliothek

Kasinostraße 3
Innenstadt
Tel.: 06151 · 59 97 18

Geöffnet Montag und Donnerstag von
16–18 Uhr.

Literaturhaus Darmstadt

Kasinostraße 3
Innenstadt
Tel.: 06151 · 13 33 38

**PEN-Zentrum der
Bundesrepublik Deutschland**

Kasinostraße 3
Innenstadt
Tel.: 06151 · 23 21 0

Jazz-Institut Darmstadt

Bessunger Straße 88 d
Bessungen
Tel.: 06151 · 96 37 00

Montag, Mittwoch und Donnerstag
von 14–17 Uhr, Dienstag von 10–21
Uhr und Freitag von 10–14 Uhr.

Deutsches Polen-Institut

Haus Olbrich
Alexandraweg 28
Mathildenhöhe
Tel.: 06151 · 49 58 17

Hier befindet sich die Bibliothek des
Deutschen Polen-Instituts.
Geöffent von Montag bis Donnerstag
von 9–17 Uhr und jeden Freitag von
9–13 Uhr.

Bücherschrank im Johannesviertel

Deutsches Polen-Institut

Haus Deiters
Mathildenhöhweg 2
Mathildenhöhe
Tel.: 06151 · 42 02 0

**Deutsche Akademie für
Sprache und Dichtung**

Alexandraweg 23
Mathildenhöhe
Tel.: 06151 · 40 92 0

Bücherschrank

Viktoriastraße/Ecke Alicenstraße
Johannesviertel

Tag und Nacht für jedermann offen!

Deutsche Akademie
für Sprache und Dichtung

an der Mathildenhöhe

Am 28. August 1949 fand aus Anlass des 200. Geburtstags von Johann Wolfgang von Goethe eine Gedenkfeier in der Frankfurter Paulskirche statt. Während der Feierlichkeiten wurde die Gründung der Deutschen Akademie für Sprache und Dichtung verkündet. Zu den Gründungsmitgliedern gehörten Erich Kästner, Marie Luise von Kaschnitz, Elisabeth Langgässer, Oskar Jancke und Bruno Snell. Da man von der Bedeutung der deutschen Sprache überzeugt war, wollte man eine Reinigung dieser nach den Jahren des Missbrauchs durch die Nationalsozialisten erreichen. Oskar Jancke, der erste Generalsekretär der Akademie, schaffte es, Ludwig Metzger, Darmstadts damaligen Oberbürgermeister, von der Wichtigkeit einer Akademie für Sprache und Literatur zu überzeugen, und so konnten schon bald die Büros auf der Darmstädter Mathildenhöhe bezogen werden. Im Oktober 1950 wurde verkündet, dass zukünftig die Deutsche Akademie für Sprache und Dichtung den Georg-Büchner-Preis verleihen sollte. Der erste von der Akademie benannte Büchner-Preisträger war 1951 Gottfried Benn. Als Leitsatz für die Arbeit der Akademie gilt: »Bewährtes Ererbtes soll lebendig fortgeführt werden, das Neue und Verheißungsvolle soll ausgezeichnet und gefördert werden!« Zu dem Georg-Büchner-Preis gesellten sich im Laufe der Zeit weitere Preise, die von der Akademie vergeben werden. Seit 1958 verleiht die Akademie den Johann-Heinrich-Voss-Preis für Übersetzung. 1964 kommen der Johann-Heinrich-Merck-Preis für literarische Kritik und Essay, der Sigmund-Freud-Preis für wissenschaftliche Prosa und der Friedrich-Gundolf-Preis für die Vermittlung deutscher Kultur im Ausland hinzu. Preisträger des Johann-Heinrich-Merck-Preises ist 1968 der Darmstädter Georg Hensel, der Sigmund-Freud-Preis geht u.a. 1967 an Hannah Arendt, 1976 an Jürgen Habermas und 1988 an Carl Friedrich von Weizsäcker.

Vielfalt der Darmstädter Theaterwelt

In Darmstadt haben sich neben dem Hessischen Staatstheater an der Georg-Büchner-Anlage kleinere Theatergruppen gebildet, die für das Kultur- und Theaterleben eine wesentliche Bereicherung darstellen.

Während das Staatstheater mit dem Programm von Oper und Sinfoniekonzerten und dem Schauspiel, in dem regelmäßig die großen renomierten Dramatiker gespielt werden, vor allem das klassisch ambitionierte Publikum anspricht, haben die kleineren Bühnen ihre Nischen gefunden und bieten ungewöhnliche Stücke an zum Teil außergewöhnlichen Orten an. Eine Besonderheit in der Darmstädter Theaterszene ist das Kikeriki-Theater, denn hier gibt es Puppentheatervorstellungen für Kinder und auch für Erwachsene.

Das Darmstädter Theater, ursprünglich im Mollerschen Hoftheater, dem heutigen Haus der Geschichte, beheimatet, kam nach dem Krieg zunächst provisorisch in der Orangerie unter. Es fand 1972 in dem heutigen Bau an der Georg-Büchner-Anlage seine endgültige Heimat und ist seitdem eines von drei hessischen Staatstheatern. Besonderen Ruhm erlebte das Darmstädter Theater in der Zeit von 1951 bis 1961, als es unter dem Intendanten Gustav Rudolf Sellner zu einem wichtigen Zentrum des deutschen Theaterlebens wurde. Im Gebäude des **Darmstädter Staatstheaters**, das momentan saniert wird, finden die Veranstaltungen an vier unterschiedlichen Orten statt: dem Großen Haus (956 Plätze), dem Kleinen Haus (482 Plätze), der Werkstattbühne (99 Plätze) und dem Werkstattcafé (60 Plätze). Gepflegt werden dabei die vier Sparten Oper, Schauspiel, Tanz-Theater und Konzert. Pro Spielzeit locken über 600 Veranstaltungen circa 240.000 Zuschauer an. In der Oper stehen momentan Werke von Pucchini, Wagner und Mozart auf dem Programm, das Repertoire des Schauspiels reicht von Sophokles über Shakespeare und Lessing bis hin zu Schnitzler, Fassbinder und Jandl. Es wird auf eine Mischung aus klassischen und modernen Werken Wert gelegt. Ein Austausch von Stücken mit dem Hessischen Staatstheater

Wiesbaden findet regelmäßig statt, außerdem stehen immer wieder Aufführungen der Hessischen Spielgemeinschaft auf dem Programm.

Die **Neue Bühne Darmstadt**, die seit 1989 besteht, hat den Anspruch, »Theater für die Sinne« zu machen. Das Theater hat keine feste Bühne, sondern sucht sich für die Stücke jeweils passende und meist sehr ungewöhnliche Orte und Räumlichkeiten in Darmstadt aus. In letzter Zeit wurden Stücke im Darmstädter Zentralbad in Szene gesetzt oder im Gewächshaus der Orangerie sowie in der Bahngalerie aufgeführt.

Im Mollerhaus in direkter Nachbarschaft des Staatstheaters hat das **Theater Mollerhaus** seinen Sitz. Der Verein »Freie Szene Darmstadt e.V.« betreibt das Theater ehrenamtlich. Es gibt drei Schwerpunkte: das Kindertheater, das Jugendtheater und das Abendprogramm. Das Programm ist schon aufgrund der Zusammenarbeit von 21 Theatergruppen in einem Haus äußerst vielseitig und reicht von Improvisationstheater bis zu Chansonabenden.

Das **Halbneun Theater** ist eine kleine Bühne in unmittelbarer Nachbarschaft des Staatstheaters, auf der Kleinkunst in ungewöhnlicher Atmosphäre präsentiert wird. Die Zuschauer nehmen nicht auf der üblichen Theaterbestuhlung in Reihen Platz, sondern sitzen an kleinen Tischen und können bei Speisen und Getränken Kabarett, Konzerte, Theater und

»Geht einmal nach Darmstadt und seht, wie die Herren sich für Euer Geld dort lustig machen, und erzählt dann Euern hungernden Weibern und Kindern, dass Ihr Brod an fremden Bäuchen herrschaftlich angeschlagen sei« (...)

Georg Büchner: »Der Hessische Landbote« von 1834

anderes genießen. Beginn der Veranstaltungen ist immer 20 Uhr 30.

Kultur kann überall stattfinden und braucht keine professionellen Räumlichkeiten. Der Beweis ist das seit sieben Jahren bestehende **Hoff-ART-theater**, das in einem Hinterhof im Martinsviertel in einer ehemaligen Autowerkstatt seine Stücke verwirklicht. Gerade in diesen Räumlichkeiten wird bei einem teils ungewöhnlichen, aber erfolgreichen Programm eine besondere Atmosphäre verbreitet.

Im Jahr 1960 wurde das **Theater am Platanenhain** von Dieter Rummel als »Studio 60« gegründet. Nach mehreren Umzügen befindet sich das Theater seit 1986 in Bessungen. Das TAP ist Darmstadts Boulevardbühne, im Mittelpunkt stehen Komödien sowie zusätzlich von Oktober bis April ein sehr gelungenes Theaterprogramm für Kinder.

Augsburg hat die Augsburger Puppenkiste und Darmstadt hat das **Kikeriki Theater**. Der Erfolg des Puppentheaters spricht für sich, wer Karten ergattern möchte, sollte sich frühzeitig um diese bemühen. Die beiden Ratten aus dem Kikeriki-Erfolgsstück »Erwin, ein Schweineleben« haben es nicht ohne Grund bis ins Fernsehen geschafft, und zwar zu Roberto Cappeluttis »Late Lounge« im Hessenfernsehen. Dem Kikeriki Theater ist in der Comedy Hall eine Gaststätte angeschlossen, für die es sich lohnt, frühzeitig die Plätze einzunehmen. Serviert werden vor allem Spezialitäten der hessischen Küche.

THEATER

Adressen

Staatstheater Darmstadt

Georg-Büchner-Platz 1
Innenstadt
Tel.: 06151·29 38 38

Neue Bühne Darmstadt e.V.

Erbacher Straße 125
64287 Darmstadt
Tel.: 06151·42 22 05

Theater Mollerhaus

Sandstraße 10
Innenstadt
Tel.: 06151·26 54 0

Halbneun Theater

Sandstraße 32
Innenstadt
Tel.: 06151·23 33 0

Hoff-ARTtheater

Lauteschlägerstraße 28a
Martinsviertel
Tel.: 06151·29 67 59

Theater am Platanenhain

Bessunger Straße 125
Bessungen
Tel.: 06151·33 55 5

Comedy Hall

Heidelberger Straße 131
Bessungen
Tel.: 06151·96 42 66

Kikeriki Kindertheater

Bessunger Straße 88
Bessungen
Tel.: 06151·65 59 3

Das Programm des Kikeriki Kindertheaters spricht Erwachsene und Kinder an. Ab Mitte 2003 wechselt die Bühne ihre Räumlichkeiten und zieht in die Comedy Hall um!

Der Georg-Büchner-Preis

Wichtigster deutscher Literaturpreis

Die Idee zur Verleihung des Georg-Büchner-Preises geht auf das Jahr 1922 zurück. Er wurde als hessischer Kunstpreis angelegt, der vom Staat Hessen gestiftet und in der damaligen Landeshauptstadt Darmstadt an in Hessen geborene Künstler vergeben wurde. Preisträger waren u.a. Kasimir Edschmid und Carl Zuckmayer. Ab 1933 wurde der Preis jedoch nicht mehr verliehen. Seit 1946 wurde er dann von der Stadt Darmstadt vergeben, bis 1950/51 festgelegt wurde, dass künftig der Georg-Büchner-Preis von der Deutschen Akademie für Sprache und Dichtung verliehen werden sollte. Seitdem hat er sich zum bedeutendsten deutschen Literaturpreis entwickelt. In der Satzung der Akademie heißt es: »Zur Verleihung können Schriftsteller und Dichter vorgeschlagen werden, die in deutscher Sprache schreiben, durch ihre Arbeiten und Werke in besonderem Maße hervortreten und an der Gestaltung des gegenwärtigen deutschen Kulturlebens wesentlichen Anteil haben.« 1951 war der erste von der Akademie ernannte Preisträger Gottfried Benn. Der Preis ist aktuell mit 40.000 Euro dotiert, im Jahr 2002 hat ihn Wolfgang Hilbig erhalten. Er wird jedes Jahr im Anschluss an die Herbsttagung der Akademie am letzten Samstag im Oktober verliehen. Zu der Verleihung treffen bedeutende Persönlichkeiten der deutschen Literaturwelt ein. Seit 1960 findet am Vorabend der Verleihung traditionell eine öffentliche Lesung des Preisträgers im Justus-Liebig-Haus statt. Die Preisverleihung ist seit 1965 nur für geladene Gäste zugänglich. Neben dem Georg-Büchner-Preis werden auch der Johann-Heinrich-Merck-Preis sowie der Sigmund-Freud-Preis am selben Abend von der Deutschen Akademie für Sprache und Dichtung verliehen. Die Namen der Büchner-Preisträger repräsentieren die Geschichte der deutschen Literatur seit 1945. In ihren Dankesreden reflektieren sie regelmäßig über die Grenzen und Möglichkeiten der schriftstellerischen Arbeit, über die aktuelle Situation von Staat und Gesellschaft und auch über Georg Büchner (1813-1837), in Darmstadt aufgewachsen, Revolutionär und Namensgeber des Preises, der, wenn es eine vergleichbare Auszeichnung zu seinen Lebzeiten gegeben hätte, diese wohl nie erhalten hätte.

Kunst und Natur rund um die Lichtwiese

Rund um das Universitätsgelände an der Lichtwiese im Osten der Stadt gibt es für den Besucher verschiedene Möglichkeiten der Freizeitgestaltung.

An der **Technischen Universität** Darmstadt sind momentan über 19.000 Studenten eingeschrieben. Die beliebtesten Fächer sind Informatik, Maschinenbau, Architektur und Bauingenieurwesen. Neben den technischen und naturwissenschaftlichen Fächern kann man in Darmstadt jedoch auch geistes- und sozialwissenschaftliche Studiengänge belegen.

Die Geschichte der TU Darmstadt geht bis auf das Jahr 1826 zurück, als die städtische Real- und technische Schule gegründet wurde, die sowohl als Wurzel der TU als auch als Wurzel der Realgymnasien gilt. Diese wurde dann zuerst zur Höheren Gewerbeschule, später in die Technische Gewerbeschule und 1877 in die Technische Hochschule umgewandelt. Doch schon 1881 wurde über die Schließung der TH diskutiert, da sich nur wenige Studenten eingeschrieben hatten. Die Lösung dieses Problems fand sich mit der Errichtung der ersten Elektrotechnischen Fakultät an einer deutschen Hochschule. Diesen Schritt ging die TH 1882 und die Folge war eine stetig steigende Zahl an Studenten. Im Jahr 1895 wurden die Neubauten an der Hochschulstraße eingeweiht.

Ein wichtiger Eckpunkt in der Geschichte der TH ist, dass seit 1908 Frauen gleichberechtigt zu den Studiengängen zugelassen sind. Im Jahr 1944 wurde ein Großteil der Gebäude zerstört, nach einer kurzzeitigen Schließung konnte sie schon 1946 in provisorisch hergerichteten Räumlichkeiten wieder eröffnet werden. Die Wiederaufbauphase endet Anfang der 60er Jahre mit dem Entschluss, auf der Lichtwiese einen weiteren, neuen Campus anzulegen, der den Platzbedarf der schnell wachsenden Fakultäten und die stetig ansteigenden Studentenzahlen bewältigen kann. Im Jahr 1967 begann man mit deren Bau und 1969 war als erstes Gebäude das der Architektur-Fakultät fertig gestellt. Bis 1974 wurden weitere drei Bauten realisiert. Im Jahre 1997 wurde die

Technische Hochschule in Technische Universität umbenannt.

Über die weitläufigen Grünflächen der Lichtwiese verteilt, befindet sich ein Skulpturengarten mit Plastiken verschiedener Künstler.

Als einige Beispiele hierfür seien das »Arrangement mit Tongefäßen« von Frank Stähler, der »Bedrohte« von Waldemar Grzimek sowie das »Lineare Haus« von der österreichischen Architektengruppe Haus/Rucker&Co genannt. Des Weiteren kann man auf den Grünflächen einen Kopf stehenden Herren von Alfred Hrdlicka und ein bronzenes Ausrufezeichen von Fritz Koenig bestaunen. Außerdem stehen auf dem Gelände Plastiken von Claus Bury, John Carter, Thomas Duttenhoefer, Wilhelm Loth, Heinz Mack, Francesco Roviello, Ulrich Rückriem und Klaus Simon.

1930 fanden die Weltmeisterschaften der Studenten in Darmstadt statt. Aus diesem Anlass ließ die Technische Hochschule Darmstadt ein Hochschulsportgelände, das **Hochschulstadion**, errichten. Die Anlage in unmittelbarer Nähe des Böllenfalltors und der Lichtwiese wurde 1928 fertig gestellt. Im Eingangsbereich befinden sich von Bernhard Hoetger und Albinmüller erschaffene Säulen. Die beiden Mitglieder der Darmstädter Künstlerkolonie haben 1914 ein Löwentor geschaffen, das auf der Mathildenhöhe stand. 1927 wurden von Albinmüller neue Klinkersäulen entworfen und die Löwen mit diesen auf die

Böhm-Zebra im Vivarium

Rosenhöhe versetzt. Die ursprünglichen Säulen sind diejenigen, die seit 1928 den repräsentativen Eingangsbereich des Hochschulstadions bilden.

Seit 1965 befindet sich Darmstadts Zoo, das **Vivarium**, am Schnampelweg in unmittelbarer Nachbarschaft des Botanischen Gartens, des Waldes und der Technischen Universität an der Lichtwiese.

Der Bestand des Darmstädter Tierparks umfasst heute auf vier Hektar Fläche 150 verschiedene Tierarten mit einem Gesamtbestand von 700 Tieren. Durch den Um- und Neubau der Gehege wurde in den letzten Jahren eine tier- und besucherfreundliche Atmosphäre geschaffen. Beispielhaft ist das

Die Rückkehr in das Stadtbild
Der Darmbach

Zur Geschichte des Bachlaufs

Den Darmbach, der ursprünglich mitten durch das Stadtzentrum floss, scheint in Darmstadt kaum einer zu kennen. Dies ist nicht verwunderlich, denn windet er sich doch kurz nach seiner Quelle im Bessunger Forst noch idyllisch durch den Wald, verschwindet er schon am Rande der Stadt unter der Erde. Zwar erblickt er noch einmal das Tageslicht, allerdings kaum erkennbar für den Passanten, bis er dann westlich des Großen Woogs endgültig verrohrt wird. Am anderen Ende der Stadt wird sein Quellwasser der städtischen Kläranlage zugeführt und gelangt schließlich gemeinsam mit dem gereinigten Abwasser in ein Flussbett aus Betonrinnen. Nach insgesamt ca. 30 überwiegend unbemerkten und dem

Außengehege der Schopfmakaken, das 1998 fertiggestellt wurde. 2003 wird mit dem Bau eines neuen Hauses für die Binturongs begonnen. Für beide Gehege wurden vom Förderverein Kaupiana Gelder zur Verfügung gestellt.

Besonders stolz ist der Zoo auf einige seltene Tierarten wie die Schopfmakaken, die Seychellen-Riesenschildkröte, die Krokodilschwanz-Höckerechse, den Kleinen Vasapapagei und den Mönchsgeier. Bei dem Kleinen Vasapapagei gelang dem Vivarium als erstem westlichen Zoo die Nach-

zucht. Der Zoo beteiligt sich am EEP, dem Europäischen Erhaltungszucht-Programm für Mönchsgeier, Schopfmakaken, Binturongs und den Totenkopfaffen.

Eine Attraktion ist das Gehege der Bennett-Kängurus, das bei einem Rundgang durchquert werden kann. Hier wird die Möglichkeit geboten, die Tiere ohne trennenden Zaun zu beobachten. Das große Gehege bietet aber auch ausreichend Rückzugsmöglichkeiten für die Tiere.

Vor allem für die jüngeren Besucher ist der Streichelzoo mit Ziegen

Auge verborgenen Kilometern mündet der Darmbach bei Groß-Gerau in den Landwehrgraben, der seinerseits das Wasser südöstlich von Mainz dem Rhein zuführt.

Seit nunmehr über zehn Jahren währt die Idee einer Öffnung des Darmbachs in der Innenstadt. Das »ob« wurde bereits beschlossen, das »wie« gilt es noch zu klären. Als Darmstadt 1330 die Stadtrechte erhält, trennt der Darmbach noch das östlich auf einer Anhöhe gelegene Oberdorf im Bereich der heutigen Alexanderstraße vom westlich im Bereich des Marktplatzes gelegenen Unterdorf und speist den Graben der an der Stelle des heutigen Schlosses befindlichen Wasserburg. Im sechzehnten Jahrhundert entsteht zunächst direkt vor den Toren der Stadt der »Kleine Woog« als Feuerlöschteich. Wenig später beschließt man den Darmbach mit Hilfe eines neu errichteten Dammes in einer natürlichen Senke zum »Großen Woog« aufzustauen. Dadurch bekam man nicht nur die Überflutung der Altstadt im Frühjahr und den Wassermangel im Spätsommer in den Griff, der Große Woog wurde auch intensiv für die Fischzucht genutzt. Um 1600 wurde das erste Haus über dem Bachlauf errichtet, welcher, wie zur damaligen Zeit üblich, vor allem als Abwasserkanal genutzt wurde.

In der zweiten Hälfte des neunzehnten Jahrhunderts schließlich verschwindet der Darmbach nach und nach aus dem Stadtbild, er wird im

ein Anziehungspunkt des Vivariums. Hier können die Kinder Kontakt zu den Tieren aufnehmen und sie beobachten, streicheln oder bürsten.

Kurz vor dem Ausgang befindet sich ein kleiner Waldspielplatz, der mit natürlichen Spielgerätschaften und Klettergerüsten beeindruckt und die Phantasie der Kinder beim Spielen und besonders auch beim Klettern anregt. Es besteht die Möglichkeit ab einem Jahresbeitrag von 25 Euro eine Tierpatenschaft zu übernehmen.

Der **Botanische Garten** befindet sich, nachdem er in seiner Anfangs-

phase mehrere Umzüge erlebte, heute in der Schnittspahnstraße 5. Der Garten ist ein besonders lohnenswertes Ausflugsziel für all diejenigen, die sich an der Schönheit von Natur und Pflanzen erfreuen können.

1814 wurde der Garten zunächst im Darmstädter Schlossgraben angelegt, musste aber schon 1830 weichen, da dieser in ein Wildgehege umfunktioniert wurde. Nach mehreren Stationen, u.a. im Herrngarten, fand der Botanische Garten 1874 seinen endgültigen Standort. 1897 wurde er der TH angegliedert und ist

Zuge des Baus der Kanalisation verrohrt, ebenso wird der Kleine Woog zugeschüttet. Der Große Woog geht 1884 in den Besitz der Stadt über und wird zur öffentlichen Badeanstalt. Nach dem Zweiten Weltkrieg wird ein neuer Kleiner Woog in der heutigen Rudolf-Müller-Anlage angelegt. Man kann gespannt sein auf die Diskussionsergebnisse über eine Reintegration des Darmbaches in das Stadtbild, welche mit Sicherheit zu einem wirkungsvollen Zugewinn für den Stadtraum werden kann.

Wer den Bachlauf ein wenig begleiten möchte, hat dazu im Botanischen Garten Gelegenheit oder kann dem Schnampelweg hinter dem Vivarium folgen. Um den Weg ranken sich zwei Legenden. Entlang des Weges gelangt man schon bald zu einer Bankgruppe. An dieser soll der Dichter Matthias Claudius (1740–1815) sein berühmtes Abendlied (Der Mond ist aufgegangen ...) gedichtet haben. Doch warum heißt dieser Weg eigentlich Schnampelweg? Der Legende nach ist Landgraf Ludwig VIII. durch den Wald geritten, als ihm ein Jäger entgegenlief, der ihm zurief, auf dem Weg läge ein Förster mit einem Weibsbild und würde schnampeln. Daraufhin beschloß der Landgraf den Weg Schnampelweg zu nennen.

bis heute Lehrgarten der Universität. Insgesamt befinden sich auf dem 4,5 ha großen Gelände, von dem 1.200 qm Fläche mit Gewächshäusern überbaut sind, 9.000 verschiedene Pflanzenarten, darunter einige 100-jährige Pflanzen. Zum exotischen Baumbestand gehören Zedern, Eukalyptus und ein Mammutbaum. Außerdem gibt es eine große Sammlung an Orchideen, Kakteen und fleischfressenden Pflanzen, darunter einige seltene Arten und sehr alte Exemplare.

Die Gartenanlage ist nach verschiedenen geographischen Regionen geordnet, so gibt es einen Heidegarten, einen Moorgrund, einen Teich, ein Alpinum, Laubgehölze und einen Koniferenhain.

ADRESSEN

Botanischer Garten

Schnittspahnstraße 5
64287 Darmstadt
Tel.: 06151·16 35 02

01.04.–30.09.: Montag bis Samstag von 7.30–19.30 Uhr, an Sonn- und Feiertagen von 7.30–12 Uhr.
01.10.–31.03.: Montag bis Samstag von 7.30– 16.00 Uhr und an Sonn- und Feiertagen von 7.30–12 Uhr.
Die Gewächshäuser sind geöffnet von Montag bis Freitag 9.30–12.30 und

13.30–15.30. An jedem ersten Freitag im Monat können Sie um 13 Uhr und um 14.15 Uhr an einer Führung durch den Botanischen Garten teilnehmen. Der Eintritt ist frei, ebenso die botanische Führung. Das ist doch einen Ausflug wert!

Kinder, Schüler und Behinderte. Sie zahlen 1 Euro Eintritt.
Inhaber der Seniorencard A zahlen 1 Euro 50, mit der Seniorencard S ist der Eintritt frei.
Kassenschluss ist jeweils eine Stunde vor der Schließung.

Vivarium

Schnampelweg 4
64287 Darmstadt
Tel.: 06151 · 13 33 91

01.04.–30.09.: täglich von 9–19 Uhr.
01.10.–31.10.: täglich von 9–18 Uhr.
01.11.–28.02.: täglich von 9–17 Uhr.
01.03.–31.03.: täglich von 9–18 Uhr.
Der Eintritt kostet regulär 3 Euro. Ermäßigter Eintritt für: Studenten,

Rechte Seite oben:
Der Skulpturengarten auf dem Gelände der Universität auf der Lichtwiese

Mohammed Omar Khalil, »Under the Sun«; Collage und Öl auf Holz

Kunsthalle

Steubenplatz 1
64293 Darmstadt
Tel.: 06151·89 11 84

Die Kunsthalle ist Dienstag bis Freitag von 11–18 Uhr sowie samstags, sonn- und feiertags von 11–17 Uhr geöffnet.

Die Kunsthalle
am Steubenplatz

Hell und offen präsentiert sich das schlichte Ausstellungsgebäude des Darmstädter Kunstvereins gegenüber einer der Hauptverkehrsadern der Stadt. Etwa an dieser Stelle der Rheinstraße befand sich vor dem Zweiten Weltkrieg das Rheintor, eines der beiden Gebäude, die als westlicher Abschluss der unter Moller Mitte des neunzehnten Jahrhunderts entstandenen Stadterweiterung dienten. Die Gründung eines Kunstvereins für Darmstadt geht auf das Jahr 1833 zurück. Im Jahr 1889 konnte der Kunstverein seine Ausstellungsräume im Rheintor eröffnen. Um die Jahrhundertwende stellte natürlich der Jugendstil eines der wichtigsten Ausstellungsthemen dar. Soweit es die politische Situation im Lauf der Zeit zuließ, hatte es sich der Kunstverein zur Aufgabe gemacht, den Darmstädtern wichtige Tendenzen und Künstlerpersönlichkeiten der zeitgenössischen Kunst zu präsentieren. Vom ursprünglichen Rheintor sind heute jedoch nur noch zwei Sandsteinsäulen erhalten, die, integriert in die Rekonstruktion des Portikus, seit 1987 den Eingang zur Kunsthalle markieren. Der Entwurf des Neubaus der Ausstellungsräume geht auf den ersten Preis eines öffentlichen Architekturwettbewerbs zurück. Der Architekt Theo Pabst entwickelte einen freistehenden kubischen Solitär, der mit seiner klar ablesbaren Konstruktion aus durchlaufenden Wandscheiben und schlanken Stahlstützen und seinem geometrischen Raumordnungsprinzip eindeutig auf die Architekturideale des Bauhauses und des Internationalen Stils der 1920er Jahre verweist. Der Bau wurde 1956 verwirklicht und in den Jahren 1965 und 1987 gelungen erweitert. Die breite Glasfront erlaubt weite Einblicke in das Gebäude und macht neugierig auf die laufende Ausstellung. Heute präsentiert die Kunsthalle vier bis fünf Ausstellungen pro Jahr. Das vielseitige Programm ist internationaler Kunst und weltbekannten Künstlern ebenso gewidmet wie der Entdeckung junger Künstlerpersönlichkeiten. Letzteren widmet sich seit 1978 insbesondere ein zusätzliches Ausstellungsprogramm, das sogenannte »studio Kunsthalle«. In den letzten zwanzig Jahren präsentierte die Kunsthalle zum Beispiel bekannte Künstler wie Emil Schumacher, Horst Janssen, Meret Oppenheim oder Man Ray.

Die Darmstädter Friedhöfe: Orte der Stille

Historische Friedhöfe sind die Orte, an denen sich Geschichte erfahren lässt. Nicht nur an den Biografien der Verstorbenen kann man diese nachvollziehen. Auch die verschiedenen Adressen, an denen die Friedhöfe über die Jahrhunderte hinweg lagen, geben Auskunft über die Geschichte und Entwicklung der Stadt.

Der älteste der vier Friedhöfe im inneren Stadtbereich ist der **Jüdische Friedhof**. Er befindet sich im östlichen Bessungen, wo Seekatzstraße und Steinbergweg zusammentreffen. 1680 erhielten die Juden Darmstadts die landgräfliche Genehmigung ihre Toten am Ort des jetzigen Friedhofs zu begraben.

1701 wurde das Gelände von der jüdischen Gemeinde angekauft und 1709 konnte der Friedhof eingeweiht werden. Im westlichen Teil stehen die älteren Grabmale, im östlichen Teil befinden sich die Gräber jüngeren Datums.

Die gesamte Anlage umfasst ca. 1.800 Grabstellen und enthält auch einen Gedenkstein für die im Ersten Weltkrieg gefallenen jüdischen Bürger Darmstadts.

Die Grabstellen der bekanntesten hier Ruhenden sind die von Heinrich Blumenthal und Ludwig Meidner.

Der zweitälteste Friedhof ist der sogenannte **Alte Friedhof** an der Nieder-Ramstädter-Straße. Der Friedhof ersetzte die alte Friedhofsanlage am Kapellplatz, hinter dem Ludwig-Georgs-Gymnasium. Von dort sind einige der Familien-Grabstätten an den neuen Platz umgesetzt worden. Die 1828 geweihte und mehrmals erweiterte Anlage ist der historisch interessanteste Friedhof. Hier ist eine große Anzahl bedeutender Persönlichkeiten begraben. Aber auch wenn man nicht nach einer bestimmten Grabstätte sucht, empfiehlt sich ein Besuch des Friedhofs. Eine Tafel im Eingangsbereich hilft bei der Orientierung auf dem Friedhofsgelände und dem Auffinden bestimmter Gräber.

Der jüngste der hier beschriebenen Friedhöfe ist der zwischen Darmstadt und Griesheim gelegene **Waldfriedhof**. Mit der Anlage des Friedhofs wurde 1914 begonnen, die letzten Gebäude wurden jedoch erst 1922 fertig gestellt. Die Anlage des größten

Friedhofs gliedert sich harmonisch in die alten Baumbestände ein.

Eine Besonderheit des Friedhofs ist die kreisrunde Form der großzügig gestalteten Anlage, die möglich wurde, da man auf keine Bebauung in der direkten Umgebung Rücksicht nehmen musste. Auch im Eingangsbereich ist die runde Form der Anlage sehr schön aufgenommen. In einem Halbkreis ziehen sich die beiden Kuppelbauten mit den Einsegnungshallen und die integrierten Nebengebäude um das Tor herum. Direkt neben dem Eingang befindet sich eine Tafel mit einem Übersichtsplan des Geländes.

Weiterhin befinden sich auf dem Waldfriedhof Ruhestätten von Soldaten aus den Weltkriegen und einer nicht bekannten Zahl von Zwangsarbeitern aus dem Zweiten Weltkrieg.

Mehrere tausend Darmstädter Bürger, die nach dem Luftangriff vom 11/12.9.1944 nicht mehr zu identifizieren waren, haben ihre Ruhestätte in einem Massengrab gefunden.

ADRESSEN

Jüdischer Friedhof

Seekatzstraße 29
64285 Darmstadt

Alter Friedhof

Herdweg 105
64285 Darmstadt

Waldfriedhof

Am Waldfriedhof 25
64293 Darmstadt

Jüdischer Friedhof

Blumenthal, Heinrich

(1824–1901)

Maschinenfabrikant, zusammen mit seinem Bruder Inhaber eines der großen industriellen Betriebe Darmstadts. Besonderes Engagement im Stadtausbau. Auf ihn geht die Errichtung des Blumenthal-Viertels zurück. Dieses im Nordwesten der Stadt gelegene Viertel wurde ab 1871 errichtet. Heute heißt es nach der 1893 hier gebauten Kirche Johannesviertel.

Meidner, Ludwig

(1884–1966)

Der 1884 in Schlesien geborene Maler und Graphiker war ein bedeutender Vertreter des Expressionismus in Deutschland. Die bekanntesten Werke sind die »Apokalyptischen Landschaften«, die sich wie Ausblicke auf die Zerstörungen der kommenden Weltkriege ausnehmen.

1939 emigrierte er nach Großbritannien, kehrte jedoch 1953 nach Deutschland zurück. 1963 wurde ihm von der Stadt eine Atelier-Wohnung zur Verfügung gestellt und er siedelte nach Darmstadt über und lebte hier bis zu seinem Tod.

Alter Friedhof

Büchner, Ludwig

(1824–99)
Grab I S 17

Jüngerer Bruder des berühmten Dichters Georg Büchner und wie dieser Arzt. Bekannt wurde er vor allem durch sein 1855 erschienenes philosophisches Werk »Kraft und Stoff«.

Büchner, Luise

(1821–77)
Grab I A 16

Schwester Ludwig und Georg Büchners. Kämpfte ihr Leben lang für die Verbesserung der gesellschaftlichen Stellung der Frau. Schrieb Novellen und Gedichte. Vor allem aber bekannt durch ihr Werk »Die Frau und ihr Beruf«.
Auch die Grabstellen der Eltern befinden sich hier.

Edschmid, Kasimir

geb. Eduard Schmid
(1890–1966)
Grab I G 110

Schriftsteller. Mit seinen ersten Novellen aus den Jahren 1915/16 gehörte Kasimir Edschmid zum literarischen Expressionismus. 1950 schrieb er einen Roman über Georg Büchner. Unter anderem ist Edschmid Büchner-Preisträger und Ehrenbürger Darmstadts.

Gagern, Heinrich von

(1799–1880)
Grab I Mauer 111/12

Politiker und Präsident der Nationalversammlung in der Paulskirche 1848.

Glückert, Julius

(1848–1911)
Grab I G 101

Möbelfabrikant und Auftraggeber des Glückerthauses auf der Mathildenhöhe, welches zur Ausstellung der eigenen Möbel diente.

Heidenreich, Charlotte

(1788–1859)
Grab I A 58

Eine der ersten deutschen Ärztinnen, überwachte 1819 die Geburt der späteren englischen Königin Victoria.

Langgässer, Elisabeth

(1899–1950)
Grab IV C 92

Schriftstellerin, v. a. »Der Gang durch das Ried«. 1950 posthume Verleihung des Büchner-Preises.

Merck, Heinrich Emanuel

(1794–1855)
Grab I 123/24

Apotheker und Gründer der heutigen Firma E. Merck.

Moller, Georg

(1784–1852)
Grab I Mauer 141

Architekt und Stadtplaner, 1810 wurde er Hofbaurat in Darmstadt und gestaltete die Stadt wesentlich. Hoftheater, heute Staatsarchiv, Langer Ludwig, kath. Kirche St. Ludwig.

Niebergall, Ernst Elias

(1815–43)
Grab I H 58

Lehrer und Mundartdichter, Verfasser des Datterich. Es handelt sich nur um einen Gedenkstein, die Grabstelle ist nicht erhalten.

Olbrich, Joseph Maria

(1867–1908)
Grab IV C 11

Architekt und Künstler des Jugendstils. U.a. Gründungsmitglied der Künstlerkolonie und Entwerfer des Hochzeitsturms und des Ernst-Ludwig-Hauses.

Weidig, Friedrich Ludwig

(1791–1837)
Grab I F 141 b

Pfarrer, der zusammen mit Georg Büchner Autor des »Hessischen Landboten« ist. Aufgrund seines revolutionären Engagements wurde er festgenommen und starb in der Haft. Die Todesumstände konnten nicht endgültig geklärt werden.

Waldfriedhof

Albinmüller

Geb. Müller, Albin
(1871–1941)
Grab L 9 c 178

Architekt und Innenarchitekt. Mitglied der Künstlerkolonie und nach dem Tod Olbrichs deren Leiter. Das Grabmal wurde von ihm selbst entworfen.

Buxbaum, August

(1876–1960)
Grab L 2 h 1

Architekt und Bürgermeister von Darmstadt. Baute das Hallenbad, heute Zentralbad und die Gebäude des Waldfriedhofs.

Mierendorff, Carlo

(1897–1943)
Grab L 3 c 7d

Journalist und Politiker, Mitglied des Reichstags für die SPD seit 1930. 1933–38 KZ-Haft. 1943 bei einem Luftangriff auf Leipzig umgekommen.

Pützer, Friedrich

(1871–1922)
Grab L 8 a 51

Architekt, Professor der Technischen Hochschule Darmstadt. Er erbaute u.a. den Hauptbahnhof und die Pauluskirche. Die Planung des Tintenviertels geht auf ihn zurück.

DA·MIT

Sie sich
auch überall
zurechtfinden

Reges Leben im Zentrum
auf dem Luisenplatz

Beliebte Freizeitbeschäftigung:
Einkaufen in Darmstadt

Zwischen Einkaufen und Einkaufen kann es große Unterschiede geben. Man kann Einkaufen sportlich betrachten und in Einkaufscentern in möglichst kurzer Zeit mit möglichst Vielem und möglichst Billigem den Einkaufswagen bepacken wollen. Einkaufen endet dann oft mit einer langen Schlange an der Kasse und macht weniger Spaß. Für diese Variante des Einkaufens brauchen Sie keinen Führer.

Große Märkte und Filialunternehmen finden sich auch in Darmstadt wie von alleine, entweder in der Innenstadt rund um das Luisencenter oder in den Fußgängerzonen.

Einkaufen kann aber auch zu einem besonderen Vergnügen werden, wenn man sich Zeit nimmt und in besonderen Läden stöbert, die Atmosphäre auf sich wirken läßt und den Käse oder den Wein, den man einkauft, vielleicht vorher probieren kann. Oder wenn der Inhaber des Ladens persönlich hinter der Theke steht und Sie beraten kann wie sonst kaum ein anderer. Wer sich für diese Variante des Einkaufens entscheidet, kann sicher sein, dass er Qualität bekommt, für die der Ladenbesitzer persönlich bürgt, und dass man am Ende mit dem Erwerb zufrieden und vom Einkauf entspannt nach Hause zurückkehrt. Jedoch sind diese besonderen Geschäfte heute, vor allem für die Besucher in der fremden Stadt, oft nicht mehr ohne Hilfe zu finden, denn immer mehr haben die großen Filialunternehmen die besten Einkaufslagen für sich in Anspruch genommen und die kleineren Läden in die Randlagen der Stadt verdrängt.

Aus diesem Grund ist hier eine Auswahl an Geschäften zusammengestellt, die aus unterschiedlichsten, stichwortartig dargestellten Gründen zu empfehlen sind.

Die Auswahl ist subjektiv und erhebt keinen Anspruch auf Vollständigkeit. Als kleine Orientierungshilfe wurde immer der Stadtteil aufgenommen, denn einige der Läden liegen außerhalb des Innenstadtbereiches. Zur schnellen Übersicht finden Sie sowohl die einzelnen Kategorien als auch die Geschäfte innerhalb der Kategorien in alphabetischer Reihenfolge.

EINKAUFEN

Antiquarische Bücher

Antiquariat Bläschke

Sandstraße 38
Innenstadt
Tel.: 06151·20 94 8

Alteingesessenes Darmstädter Antiquariat mit kompetenter Beratung.

Antiquariat Dorner

Holzstraße 11
Innenstadt
Tel.: 06151·22 72 8

Eine kleine schmucke Fundgrube für die verschiedensten Ansprüche und Geschmäcker.

Oxfam Buchshop

Schulstraße 16
Innenstadt
Tel.: 06151·27 38 33

Hier kann man gespendete Bücher kaufen, der Erlös ist für einen guten Zweck.

Antiquitäten

Antik im Odeon

Heidelberger Landstraße 211
Eberstadt
Tel.: 06151·59 35 34

Besonders beeindruckt die Räumlichkeit, in der die Möbel präsentiert werden, denn der Laden befindet sich im ehemaligen Eberstädter Kino.

Antik Törk

Frankfurter Straße 21
Martinsviertel
Tel.: 06151·74 51 1

Hier findet man sowohl Antiquitäten, Gläser und Porzellan sowie gebrauchte, stilvolle Kleider und Schmuck.

Wohnflair

Nieder-Ramstädter-Straße 15
Rand der Innenstadt
Tel.: 06151·42 87 932

Feines Angebot an Leuchtern, Spiegeln, Bildern, Silber, Glas und Porzellan aus Gründerzeit, Jugendstil und Art déco.

Bäcker

Bäckerei Laun

Schustergasse 9
Innenstadt
Tel.: 06151·23 67 1

Kleiner Bäcker, der eine tolle Alternative zu den Kettenbäckereien in der Innenstadt ist.

Bäckerei Kaiser

Schulstraße 3
Innenstadt
Tel.: 06151·29 61 38

Sehr guter Vollkornbäcker, der darüber hinaus auch Säfte und Wein führt.

Bier

Maruhns

Pfungstädter Straße 174
Eberstadt
Tel.: 06151 · 54 87 6

Biersorten aus 60 verschiedenen Ländern. Bierfreunde mit speziellen Vorlieben werden hier fündig.

Blumen

Blumen FleurIn

Schulstraße 10
Innenstadt
Tel.: 06151 · 20 55 3

Hier gibt es ein Angebot an besonderen Blumen, Pflanzen und mediterranen Gewächsen.

Blumen Herzing

Im Luisencenter
Innenstadt
Tel.: 06151 · 15 10 83

Herzing ist ein Familienbetrieb, der zwar auf Blumensamen spezialisiert ist, aber auch Topfpflanzen im Angebot hat.

Blumen Klatschmohn

Mühlstraße/Ecke Soderstraße
Innenstadt
Tel.: 06151 · 99 70 68

In dem Eckladen gibt es besonders phantasievolle und dekorative Blumenvariationen und Gestecke.

Blumenstudio Petra Kalbfuß

Bessunger Straße 54
Bessungen
Tel.: 06151 · 63 98 4

Bei Petra Kalbfuß findet man stilvolle Blumen und Pflanzen sowie ein kleines, saisonal wechselndes Angebot an Wohnaccessoires als stimmige Ergänzung.

Florales am Markt

Marktplatz 3
Innenstadt
Tel.: 06151 · 29 15 64

Wer vor allem Topfpflanzen sucht, findet hier ein breites und saisonales Angebot.

Bücher

Bessunger Buchladen

Heidelberger Straße 81
Bessungen
Tel.: 06151 · 31 58 71

Im Bessunger Buchladen wird man in gemütlicher Atmosphäre persönlich und gut beraten.

Buch Habel

Im Carree
Innenstadt
Tel.: 06151 · 17 65 0

Habel ist ein Filialunternehmen mit Hauptsitz in Darmstadt. Hier findet man die größte Auswahl an Büchern in der Stadt. Zweimal jährlich erscheint ein Veranstaltungskalender mit Lesungen und Veranstaltungen. In der Buchhandlung befinden sich ein kleiner Kinderspielplatz und viele Sitzmöglichkeiten zur geruhsamen Bücherauswahl.

Büchergilde

Buchhandlung am Markt
Marktplatz 10
Innenstadt
Tel.: 06151 · 29 52 95

In der kleinen Buchhandlung am Markt findet man zeitgenössische Grafik, exclusive Büchergilde Produktionen und ein kleines und erlesenes Programm an Belletristik.

Buchhandlung Artemis

Mathildenplatz 5
Innenstadt
Tel.: 06151 · 27 26 01

Artemis ist etwas besonders, denn es ist Darmstadts einziger Buchladen, der seinen Schwerpunkt auf Literatur für Frauen und Homosexuelle gelegt hat und ein umfangreiches Angebot bietet.

Buchhandlung Georg-Büchner

Lauteschlägerstraße 18
Martinsviertel
Tel.: 06151 · 77 42 4

Besonders schöner Laden, der ein großes Angebot an Fachbüchern zu Architektur und Design sowie an politischen Büchern hat. Außerdem ist jeder, der Literatur zu Georg Büchner sucht, hier genau richtig.

Buchhandlung Gutenberg

Luisenplatz 4
Innenstadt
Tel.: 06151 · 20 20 2

Die Hauptfläche des zentral gelegenen Ladens befindet sich in der ersten Etage, der Schwerpunkt liegt auf Literatur zu Sport und Freizeit.

Buchhandlung H. L. Schlapp

Ludwigsplatz 3
Innenstadt
Tel.: 06151 · 17 90 0

Die Buchhandlung Schlapp ist aus Darmstadt nicht wegzudenken, denn sie ist Darmstadts alteingesessene Buchhandlung und ein Familienunternehmen, zu dem auch ein Verlag gehört, der sich auf regionale Literatur spezialisiert hat.

Buchhandlung Schroth

Schulstraße 11
Innenstadt
Tel.: 06151 · 24 11 1

Dieser kleine Laden ist besonders erwähnenswert aufgrund seines kleinen, aber feinen Angebots an ausgefallenen und gut ausgewählten Titeln, durch die man sich in gemütlicher Atmosphäre stöbern kann.

Buchhandlung Wellnitz

Lauteschlägerstraße 4
Martinsviertel
Tel.: 06151·76 54 8

Wellnitz ist Darmstadts Fachbuchhandlung für Studenten mit Schwerpunkt auf den technischen Fächern.

Drogerie

Drogerie Straub

Ludwigshöhstraße 1
Bessungen
Tel.: 06151·62 42 4

Bessunger Unikat! Hier wird man in ursprünglichem Drogerieambiente, fernab von jeder Modernität, an der Theke beraten.

Feinkost

Alnatura

Elisabethenstraße 46
Innenstadt
Tel.: 06151·29 49 10
Rheinstraße 39
Tel.: 06151·39 69 630

Alnatura ist Darmstadts Öko-Supermarkt mit dem größten Angebot.

Asia Supermarkt

Frankfurter Straße 68
Johannesviertel

Großer asiatischer Supermarkt; breite Auswahl an typischen Lebensmitteln und Tiefkühlkost.

Buchheimer

Schustergasse 3
Innenstadt
Tel.: 06151·21 85 4

Der Käseladen, der seit 1858 besteht, ist ein absolutes Unikat. Wer Zeit mitbringt, erhält eine gute Beratung zum breiten Angebot.

PuntoSconto

Pallaswiesenstraße 70–72
Innenstadt
Tel.: 06151·39 78 623

PuntoSconto ist ein großer italienischer Supermarkt, der zwar kein Obst & Gemüse, dafür aber Wein, Kaffee, Pasta, Saucen, Oliven und italienisches Gebäck, Schinken und Käse günstig und in großer Auswahl führt.

Molina

Adelungstrasse 3
Innenstadt
Tel.: 06151·29 31 05

Bei Molina gibt es südländische und asiatische, vor allem aber italienische Spezialitäten und Feinkost aller Art.

Wörtche

Schustergasse 7
Innenstadt
Tel.: 06151·25 03 9

Der kleine Feinkostladen hat seinen Schwerpunkt auf frisches Wild und Geflügel aus Freilandhaltung gelegt. Wer mag, findet dazu passende Soßen.

Kaffee

Central

Platz der Deutschen Einheit
Am Hauptbahnhof
Tel.: 06151 · 80 94 0

Neben Espressomaschinen und Geschirr in schöner Auswahl findet man hier ein gutes Angebot an Kaffee, Wein und italienischer Feinkost.

Lavazza Bar

Im Carree
Innenstadt
Tel.: 06151 · 29 29 43

Hier gibt es sehr guten Kaffee und schönes Geschirr. Den Kaffee kann man auch vor Ort genießen oder sich zum Mitnehmen zubereiten lassen. In dem typisch italienischen Stehcafé gibt es original Espressovariationen.

Markt

Carreeplatz

Innenstadt
jeden Donnerstag

Jeden Donnerstag ist auf dem Carreeplatz ein kleiner Markt. Wer in Darmstadt guten und frischen Fisch erwerben möchte, ist hier genau richtig.

Eberstädter Marktplatz

Eberstadt
jeden Samstag

Jeden Samstagvormittag ist auf Eberstadts Marktplatz ein kleiner, aber feiner Bauernmarkt. Im Sommer gibt es hier frischen Apfelsaft von den Eberstädter Obstwiesen, besonders zu empfehlen ist der Öko-Bäcker.

Gärtnerei im Prinz-Georgs-Garten

Martinsviertel
Mo–Do 7–15 Uhr,
Fr 7–13 Uhr;
Pausen von 9–9.30 Uhr
und von 12–12.30 Uhr

Im Prinz-Georgs-Garten befindet sich eine kleine Gärtnerei, bei der es ausschließlich saisonales und selbst angebautes, frisches Gemüse gibt.

Marktplatz

Innenstadt
täglich bis 12 Uhr

Auf dem Marktplatz ist täglich bis 12 Uhr Markt, lohnenswert ist er jedoch vor allem an den Samstagen, denn hier sind mehr Händler anwesend als unter der Woche, so zum Beispiel ein Gewürzstand, ein Käsestand, ein Metzger und ein Stand mit Honig und diversen Marmeladen.

Riegerplatz

Martinsviertel
jeden Mittwoch

Im Martinsviertel ist mittwochs vormittags auf dem Riegerplatz ein kleiner Markt.

Metzger

Landmetzgerei Hof Gruenau

Neutsch 200
64397 Modautal
Tel.: 06167·475

Flotowstraße 21
Darmstadt
Tel.: 06151·78 33 65

Der Hof Gruenau ist ein Demeter- und Biolandhof mit einer traditionellen Metzgerei, die vom eigenen oder den benachbarten Höfen selbst schlachtet.

Metzger Gräber

Schustergasse 5
Innenstadt
Tel.: 06151·25 02 8

Hier wird die Wurst größtenteils noch selbst hergestellt und man erfährt genau, woher Fleisch und Wurst stammen.

Musik

City-CD und City-Classic

Luisen-Center
Innenstadt
Tel.: 06151·29 17 05

Hier gibt es ein breites Angebot an speziellen Themengebieten und eine super Beratung. Das Sortiment ist für Klassik-Fans besonders reichhaltig.

Come Back

Elisabethenstraße 56
Innenstadt
Tel.: 06151·26 87 4

Kleiner Laden, der gebrauchte CDs, DVDs und LPs an- und verkauft.

Ulis Musicland

Grafenstraße 20
Innenstadt
Tel.: 06151·29 21 10

Ulis Musicland ist der Darmstädter Plattenladen, der einfach ein Muss für Musikliebhaber ist. Im Laden befindet sich auch ein Konzertkartenvorverkauf. Hier findet man auf zwei Etagen alles, was das Ohr begehrt.

Schreibwaren

Format

Karlstraße 85
Bessungen
Tel.: 06151·17 69 0

Besonders erwähnenswert ist das umfangreiche Angebot an Modellbau-utensilien, der Laden ist toll sortiert und man wird kompetent beraten.

Gieselberg

Wilhelminenstraße 5
Innenstadt
Tel.: 06151·26 27 1

Der Laden für Postkarten von Darmstadt und der Region sowie für Kalender. Gut sortiertes Angebot an Utensilien fürs Büro und Künstlerbedarf. Hier kaufen Kreative vom Hobbybastler bis zum Künstler ein.

Second-Hand-Kleidung

Greyhound Exclusiv

Schulstraße 14
Innenstadt
Tel.: 06151 · 29 34 29

Kleiner Laden mit edler Designerkleidung aus zweiter Hand.

Horizont

Liebfrauenstraße 59
Martinsviertel
Tel.: 06151 · 71 11 75

Der kleine Laden ist eine Fundgrube für edle und elegante Designer-Outfits – first and second hand.

Oxfam Shop

Rheinstraße 12 c
Innenstadt
Tel.: 06151 · 27 35 72

Hier kann man Kleider und Haushaltswaren für einen guten Zweck erwerben und spenden.

Pompadour

Schuknechtstraße 1
Martinsviertel
Tel.: 06151 · 71 63 25

Pompadour ist eine Schatzkiste für ausgefallene Kleider, Schmuck und Accessoires.

Spiele für Jung und Alt

Au Fer

Beckerstraße 22
Martinsviertel
Tel.: 06151 · 29 20 52

Hier findet man alles, um sich fürs Boulespiel auf der Mathildenhöhe oder anderswo auszustatten.

Drachenparadies

Nieder-Ramstädter-Straße 23
Innenstadt Randgebiet
Tel.: 06151 · 47 07 1

Im Drachenparadies gibt es Drachen in allen Größen und Variationen und sehr gute Beratung.

Spielkiste

Pfungstädter Straße 23
Eberstadt
Tel.: 06151 · 59 33 77

In der Spielkiste finden Sie ein gutes Angebot an phantasievollem Spielzeug aus Holz und natürlichen Materialien, für Jung und Alt und drinnen und draußen.

Spielwaren Faix

Am Ludwigsplatz
Innenstadt
Tel.: 06151 · 29 09 0

Bei Faix gibt es die größte Auswahl an Spielwaren. Ob Puppen, Brettspiele oder Modellbau – hier finden Sie alles, was Kinderherzen erfreut.

Sport und Freizeitbedarf

Kleine Fluchten

Ballonplatz
Martinsviertel
Tel.: 06151·71 72 89

Bei Kleine Fluchten am Ballonplatz findet man eine große Auswahl an allem, was man fürs Camping, Trekking und Wandern so braucht und wird toll beraten.

Kleine Fluchten

Schulstraße 9
Innenstadt
Tel.: 06151·29 55 86

Zweigstelle in der Schulstraße, in der man ein gutes Angebot an Sport- und Freizeitkleidung findet. Bergwanderer haben hier ihre wahre Freude an einem wetterfesten Sortiment.

Sport Hübner

Ernst-Ludwig-Straße 11
Innenstadt
Tel.: 06151·17 26 0

Hübner ist der Allrounder unter den Sportläden, bei dem man alles findet. Unter anderem lassen sich hier auch Roller-Skates ausleihen, mit denen sich die Stadt gut erkunden läßt.

Stoffe und Kurzwaren

Das Stoffatelier

Saalbaustraße 27
Innenstadt
Tel.: 06151·95 15 924

Hier gibt es ein gut sortiertes Angebot an hochwertigen Stoffen, die modern und zeitlos sind, bei sehr netter Beratung.

Wilhelm Rodenhäuser

Schuchardstraße 12
Innenstadt
Tel.: 06151·20 88 8

Rodenhäuser ist ein Darmstädter Unikum mit einer großen Auswahl verschiedenster Knöpfe und Kurzwaren. Außerdem ist dies wohl der einzige Laden in der Innenstadt, der samstags geschlossen bleibt.

Tee

Bessunger Teeladen

Jahnstraße 1
Bessungen
Tel.: 06151·66 05 88

Hier gibt es neben einer besonderen Teeauswahl orientalische Geschenke, Lampen, Kerzenständer und Schmuck.

Heitmann

Wilhelminenstraße 5
Innenstadt
Tel.: 06151·25 50 8

Heitmann ist ein kleiner, besonderer Laden, in dem es Tee und Pralinen gibt. Hier kann man Tee erstehen, der auf die Darmstädter Wasserhärte abgestimmt ist.

Wein

Bertsch und Gassert

Emilstraße 30
Johannesviertel
Tel.: 06151·24 86 4

In diesem Laden in einem Hinterhof findet man neben einer sehr guten internationalen Weinauswahl Sekt, Spirituosen und ein großes Malt-Angebot. Hier werden Sie vom Hauswein bis zum gehobenen Anspruch fündig.

Molina

Adelungstraße 3
Innenstadt
Tel.: 06151·29 31 05

Wer gut beraten werden möchte und eine große Auswahl schätzt, ist bei Molina genau richtig.

Osttangente

Liebfrauenstraße 38
Martinsviertel
Tel.: 06151·78 46 54

Die Osttangente ist sowohl Weinlokal als auch Weinhandlung. Hier findet man ein kleines, ausgewähltes Angebot an Flaschenweinen und guten Wein vom Fass.

Wohnaccessoires

Bei Hempels

Sandbergstraße 49
Bessungen
Tel.: 06151·66 25 99

Bei Hempels bekommt man stilvolle moderne und internationale Möbel und Wohnaccessoires.

Der grüne Salon

Schuknechtstraße 1
Martinsviertel
Tel.: 06151·71 91 15

Der grüne Salon ist ein besonderer Tipp und eine wahre Schatzgrube für Buntes und Kurioses aus aller Welt und allen Zeiten.

Hofsaison

An der Stadtkirche
Innenstadt
Tel.: 06151·22 00 1

Hier gibt es zeitlose, einfache, aber stilvolle Küchen- und Wohnaccessoires und als eine Besonderheit Möbel im Shakerstil.

Nennmann form und funktion

Schulstraße 5
Innenstadt
Tel.: 06151·39 64 664

Schöner Laden mit edlen Accessoires für Küche und Wohnen und modernen, im Odenwald gefertigten Möbeln.

»Ich wer Ihne aach noch dreeste. Sie sinn e eisichtsvoller Mann, nor e Bisje Geduld. Uf dem Knie leßt sich so ebbes net abbreche. Bezahle, wann mer Geld hat, des is kah Kunst: awwer bezahle, wann mer kahns hat, des is e Kunst, liewer Mann, un die muß ich erscht noch lerne.«

Schenken und Wohnen

Heidelberger Landstraße 53
Eberstadt
Tel.: 06151·27 89 831

Bei Carola Petri wurde ein kleiner Anbau zum Ladengeschäft ausgebaut, in dem man Wohnaccessoires, Schmuck und im Sommer Gartenzubehör aller Art findet.

Weltladen-Solidarisch handeln e.V.

Elisabethenstraße 51
Innenstadt
Tel.: 06151·21 91 1

Der Weltladen befindet sich außerhalb der Fußgängerzone, ein Besuch lohnt sich aber auf jeden Fall.
Die Produkte, die hier angeboten werden, stammen ausschließlich aus Fairem Handel. Neben Büchern und Lebensmitteln (Tee, Kaffee, Süßes, Gewürze, Nüsse ...) gibt es in dem Laden Kunsthandwerk zu erstehen. Dazu gehören: Keramik, Haushaltswaren, Spielzeug, Schmuck, Deko-artikel und Korbwaren. Außerdem gibt es eine Leihbücherei mit Sachbüchern und Romanen für Kinder und Erwachsene.

Zigarren

Hugo de Waal

Grafenstraße 14
Innenstadt
Tel.: 06151·21 52 6

Bei Hugo de Waal gibt es eine exklusive Auswahl an Pfeifentabak und Zigarren. Sehr zuvorkommende fachliche Beratung.

Linke Seite oben:
Ernst Elias Niebergall: Datterich;
Nach der Erstausgabe von L. Pabst,
Darmstadt 1841.

Rechte Seite:
Ludwigsstraße mit Weißem Turm

Stimmiges Lokalambiente und angenehme Nachtruhe

In Darmstadt gibt es eine große Auswahl an Cafés und Restaurants, Kneipen und Weinlokalen. Da sich der Publikumsgeschmack stets gewandelt hat, gibt es neben einer kleinen Anzahl von Gaststätten, die mit Wein, Bier und deftiger deutscher Küche aufwarten, eine bunte und internationale Mischung, bei der sich für jeden Geschmack die geeignete Lokalität finden lässt.

Generell kann festgestellt werden, dass sich die Gaststätten an die sie umgebende Lage angepasst haben und man so von viertelspezifischen Szenen sprechen kann. Im Martinsviertel rund um die Universitätsgebäude befinden sich demnach eine große Anzahl an Gaststätten und Lokalitäten, die sich vor allem auf studentisches Publikum eingestellt haben und von diesem hauptsächlich besucht werden.

Am Darmstädter Marktplatz befinden sich mit dem »Ratskeller« und der »Bockshaut« sowie im Kapellplatzviertel mit »Grohe« **typische Wirtschaften**, in denen sich bei deftigen Speisen Wein und Bier genießen

läßt. Insbesondere Grohe ist ein Treffpunkt der alteingesessenen Darmstädter, und wer ein wenig dem Datterich-Flair auf die Spur kommen möchte, der sollte hierher kommen.

Die Auswahl ist klein, aber fein, wir haben auf stimmiges Ambiente, guten Service und Küche Wert gelegt. Ob Sie lieber in Ruhe frühstücken gehen oder tagsüber bei Kaffee und Kuchen entspannen möchten, ob sie abends besonders schön Essen gehen oder lieber nur ein Glas Wein oder Bier trinken wollen, hier ist für jeden Geschmack etwas dabei.

2001 sind ca. 215.000 Gäste nach Darmstadt gekommen und die Hotels haben ca. 430.000 **Übernachtungen** verbuchen können. Während der großen Messen in Frankfurt, wie der Internationalen Automobil Ausstellung und der Buchmesse, sind die Hotels in Darmstadt schon frühzeitig ausgebucht. Eine Auswahl aus nationalen und internationalen Hotels verschafft den Überblick. Wer auf eine besondere Lage Wert legt, der findet an der Mathildenhöhe oder im Jagdschloss Kranichstein die passende Unterkunft.

CAFÉS

Kaffeepause

A la carte

Europaplatz 1
Mathildenhöhe
Tel.: 06151·71 15 35

Schönes Café im Ausstellungsgebäude der Mathildenhöhe mit Einblick in den Ausstellungsraum.

Am Oberwaldhaus

Dieburger Straße 257
Oberwaldhaus
Tel.: 06151·71 22 66

Geeignet für den Sonntagsausflug, mit Kaffee, leckerem Kuchen, aber auch mit Restaurantbetrieb.

Ballon

Magdalenenstraße 3
Martinsviertel
Tel.: 06151·74 09 3

Im Sommer gibt es vor dem Ballon eine große Sonnenterrasse. Das Café ist sehr kinderfreundlich, Spielzeug ist vorhanden.

Bellevue

Eckardstraße 26
Martinsviertel
Tel.: 06151·79 59 2

Kleines Unikat im Martinsviertel, hier wird gespielt und gelesen.

Blu

Lauteschlägerstraße 28
Martinsviertel
Tel.: 06151·78 14 87

Café mit buntem, studentischem Publikum. Hier gibt es ein reichhaltiges Frühstücksangebot.

Chaos

Mühlstraße 36
Innenstadt
Tel.: 06151·20 63 5

Das Chaos ist das gut besuchte Szene-Café für jedermann. Die Karte ist sehr ausführlich, bunt und international. Die Entscheidung fällt schwer.

Galleria

An der Stadtkirche
Innenstadt
Tel.: 06151·99 75 67

Café in versteckter, ruhiger Innenstadtlage, dessen Besuch vor allem bei schönem Wetter lohnt.

Godot

Bessunger Straße 2
Bessungen
Tel.: 06151·66 48 81

Sehen und gesehen werden. Im Sommer eine großzügige Terrasse mit Stühlen rund um den kleinen Leuchtturm in Bessungen. Schöner Blick entlang der Allee zur Orangerie.

Kaffeehaus

Heidelberger Landstr. 220
Eberstadt
Tel.: 06151·59 46 28

Hier kann man lockere Kaffeehausatmosphäre in gemütlichem Gründerzeitambiente genießen.

Kulturcafé

Hermannstraße 7
Bessungen
Tel.: 06151·25 83 2

Alternatives Café mit intellektuellem Publikum, das einen tollen Sonntagsbrunch anbietet.

Linie 3

Ludwigshöhstraße 1 a
Bessungen
Tel.: 06151·66 15 58

In gemütlicher Atmosphäre treffen sich alle Altersklassen zum Lesen, Plauschen oder zum Brettspielen.

Orangeriegarten

Prälat-Diehl-Straße 1
Bessungen
Tel.: 06151·65 80 0

Hier gibt es im Sommer einen gemütlichen kleinen Biergarten. Außerdem ist das Frühstück sehr gut! Hier gibt es preiswerte Kleinigkeiten.

Schlossgartencafé

Robert-Schneider-Straße 23
Martinsviertel
Tel.: 06151·79 41 4

Besonderes Café mit einer Raucher- und einer Nichtraucherecke. Hier liegt ein umfangreiches Angebot an internationaler Presse aus.

RESTAURANTS

Arabische Küche

Haroun's

Friedensplatz 6
Innenstadt
Tel.: 06151·23 48 7

Der Tipp für Darmstadt, denn nicht ohne Grund ist es in dem kleinen, netten Lokal immer voll! Hervorragende Küche! Wer sicher gehen will, sollte vorher reservieren.

Deutsche Küche

Amann's

Dornwegshöh 2
Nieder-Ramstadt
Tel.: 06151·14 40 90

Apartes Restaurant mit sehr guter Küche. In einem kleinen Fachwerkhaus, über zwei Etagen verteilt, lässt es sich hervorragend schlemmen.

Grohe

Karlstraße 10
Innenstadt
Tel.: 06151·42 52 55

Darmstädter Institution, in der man
Deftiges konsumieren kann, toll ist im
Sommer der Biergarten. Bei üppiger
Darmstädter Küche treffen sich hier
Einheimische.

Ratskeller

Marktplatz 8
Innenstadt
Tel.: 06151·26 44 4

Hier gibt es deftige Küche und selbst-
gebrautes Bier, im Sommer an großen Tischen draußen, im Winter im
übervollen Inneren, rund um den
kupfernen Braukessel

Griechische Küche

Delphi

Heidelberger Straße 37
Bessungen
Tel.: 06151·31 28 94

Der besondere Grieche mit sehr
leckerer Küche und guter Weinkarte

Dimitris

Karlstraße 20
Rand der Innenstadt
Tel.: 06151·41 06 1

Dimitris ist ein kleiner, authentischer
Grieche mit leckerer Küche.

Mykonos

Frankensteiner Straße 1
Malchen
Tel.: 06151·59 45 75

Nicht vom Äußeren abschrecken lassen! Hier gibt es gutes und günstiges
Essen!

Indische Küche

Lahore-Palace

Eschollbrücker Straße 1
Rand der Innenstadt
Tel.: 06151·33 22 9

In gediegenem Ambiente kann man
hier eine vielseitige und gute Küche
genießen.

Internationale Küche

Goldschmidt's Park

Villastraße 11
Seeheim
Tel.: 06257·96 22 66

In der Villa im Park gibt es dem Ambiente angemessene edle Küche.
Jeden Sonntag ab 10.30 gibt es hier
einen hervorragenden Brunch.

Italienische Küche

Amato's Ristorante

Nieder-Ramstädter-Straße 170
Am Böllenfalltor
Tel.: 06151·48 85 7

Der Italiener mit besonders guter Küche und einer schönen, großen Terrasse im Sommer.

Da Nino

Alexanderstraße 29
Martinsviertel
Tel.: 06151·24 22 0

Bei Da Nino kommt man in schönem Ambiente in den Genuß der italienischen Lebensfreude pur!

Europa

Weinbergstraße 44
Bessungen
Tel.: 06151·63 58 2

Obwohl die Fassade nicht einladend wirkt, lohnt sich der Besuch: Hier gibt es die beste Steinofenpizza in ganz Darmstadt!

Trattoria Siciliana

Pfungstädter Straße 32
Eberstadt
Tel.: 06151·59 52 05

Siciliana ist der Italiener, bei dem es besonders raffinierte Speisen gibt.

Vivarium

Schnampelweg 4
An der Lichtwiese
Tel.: 06151·47 65 1

Der Italiener erster Klasse. Danach lädt das Vivarium zu einem Verdauungsspaziergang ein

Portugiesische Küche

Casa Algarve

Pallaswiesenstraße 39
Johannesviertel
Tel.: 06151·95 12 811

Hier gibt es sehr gute Fischspezialitäten, vor allem die Paella ist klasse!

Türkische Küche

Karagöz

Sandstraße 32
Innenstadt
Tel.: 06151·21 06 8

Mit Schauspielern und Theaterbesuchern lassen sich hier vor allem Lamm und vegetarische Gerichte genießen.

Vegetarische Küche

Giannis

Hügelstraße 75
Innenstadt
Tel.: 06151·66 68 89

Nichtraucherlokal, aber: Genuß pur, denn die Atmosphäre und die internationale Küche ist ganz besonders!

Radieschen

Reuterallee 37
Eberstadt
Tel.: 06151·94 34 46

Hier gibt es Öko pur mit leckeren Eigenkreationen.

KNEIPEN

Wein- und Bierlokale

Bembelsche

Irenenstraße 12
Johannesviertel
Tel.: 06151 · 27 28 57

Hier ist sie – Darmstadts Ebbelwoi-
kneipe mit gutbürgerlichem Publikum, in der man ein wenig den Datterich-Flair spüren kann.

Bessunger Weinkeller

Moosbergstraße 94
Bessungen
Tel.: 06151 · 66 48 38

In dem Gewölbekeller gibt es eine
besonders große Weinauswahl.

Das Blatt

Wilhelm-Leuschner-Straße 30
Johannesviertel
Tel.: 06151 · 99 77 12

Lokal mit elegantem Ambiente, in
dem sich das kulturelles Angebot mit
Lesungen genießen läßt. Empfehlenswert ist auch der Mittagstisch.

Fürstenbahnhof

Am Fürstenbahnhof 3–5
Am Hauptbahnhof
Tel.: 06151 · 66 72 70

Der Fürstenbahnhof ist je nach Uhr-
zeit Café, Bar oder Restaurant. Toll
sind die Räumlichkeiten, vor allem
der Fürstensaal im Jugendstil.

Hotzenplotz

Mauerstraße 34
Martinsviertel
Tel.: 06151 · 77 74 7

Das Hotzenplotz ist die urigste Kneipe,
in der Studenten- und Schülerrunden
an großen Tischen debattieren.

Irish Pub

Parcusstraße 21
Johannesviertel
Tel.: 06151 · 29 43 83

Hier gibt es Dart und manchmal Live-
musik, besonders lohnenswert ist die
fabelhafte Pizza.

Madrid

Heidelberger Straße 81 c
Bessungen
Tel.: 06151 · 31 80 80

Inmitten von schickem Publikum
kann man in schönem Ambiente
Tapas und Cocktails genießen.

Pillhuhn

Riegerplatz 7
Martinsviertel
Tel.: 06151 · 75 35 5

Bizarre Kneipe, in der man wunderbar versumpfen kann.

NACHTS

Konzerte und Nachtleben

Achteckiges Haus

Mauerstraße 17
Martinsviertel
Tel.: 06151·29 59 13

Im achteckigen Haus finden ausgewählte Jazz- und Blueskonzerte statt. Geöffnet nur zu Veranstaltungen.

An Sibin

Landgraf-Georg-Straße 25
Innenstadt
Tel.: 06151·20 45 2

Irish Pub, in dem es fast jeden Abend Live-Musik mit open end gibt.

Bessunger Knabenschule

Ludwigshöhstraße 42
Bessungen
Tel.: 06151·61 65 0

Hier gibt es ein buntes Programm von Konzert bis Kabarett, bei dem für jeden etwas dabei ist. Geöffnet nur zu Veranstaltungen. Räumlichkeiten können privat angemietet werden.

Centralstation

Im Carree
Innenstadt
Tel.: 06151·36 68 899

Die Centralstation ist das neue kulturelle Zentrum der Stadt, in dem Veranstaltungen aller Art für alle Altersgruppen stattfinden. Hier gibt es tagsüber Kaffee und Mittagsbuffet und abends Konzerte, Disco, Lesungen, Ausstellungen und Veranstaltungen aller Art.

Extasis

Friedensplatz
Innenstadt
Tel.: 06151·29 21 17

Das Extasis ist eine kleine Kellerdisco mit bunt gemischtem Publikum. Öffnungszeiten Mi., Fr. und Sa. ab 22 Uhr.

Hillstreet-Club

Hügelstraße 73
Innenstadt
Tel.: 06151·29 50 95

Exclusive Cocktail-Lounge im Kellerambiente. Außer sonntags immer ab 21 Uhr geöffnet.

Jagdhofkeller

Bessunger Straße 84
Bessungen
Tel.: 06151·65 56 6

Uriger Jazzkeller im Herzen von Bessungen.

Jazzkeller

Bessunger Straße 88 d
Bessungen
Tel.: 06151·96 37 00

Im Bessunger Jazz-Institut gibt es Jazz aller Art in familiärem Ambiente. Geöffnet nur zu Veranstaltungen.

Krone

Schustergasse 18
Innenstadt
Tel.: 06151·21 35 3

Die Krone ist in Darmstadt Kult. In dem Gebäude gibt es für jeden etwas: Disco, Kneipe, Kino, Konzerte, Kicker und Flipper.

Linie Neun

Wilhelm-Leuschner-Straße 58
Griesheim
Tel.: 06151·82 88 66

Im Sommer gibt es hier einen Biergarten, das ganze Jahr über wechselnde Veranstaltungen, lohnenswert ist vor allem jeden Donnerstag der Rote Salon.

Schallbad

Adelungstraße 9
Innenstadt

Kleiner Kellerclub, in dem jeder Abend unter einem bestimmten Motto steht.

Schlosskeller

Im Schloss
Innenstadt
Tel.: 06151·16 13 17

Der Keller ist der Studentenkeller mit Lesungen, Konzerten, Disco und im

Sommer mit Open-Air-Kino. 1. und 3. So. im Monat Party für gays and friends.

Steinbruch

Odenwaldstraße 26
Nieder-Ramstadt
Tel.: 06151·14 87 83

Der Steinbruch ist die legendäre Dorf-Disco mit Schmuddelambiente.

Taunusbar

Kranichsteiner Straße 42
Martinsviertel
Tel.: 06151·75 19 2

Szene-Treff, der im Sommer draußen besonders schön ist.

WC 23

Im Werkstattcafé
des Staatstheaters
Georg-Büchner-Anlage
Innenstadt
Tel.: 06151·29 38 38

Zu erleben jeden Donnerstag, Freitag und Samstag ab 23 Uhr. Experimentelle Musik, Inszenierung und junge DJs machen das Programm.

Weststadt Bar

Mainzer Straße 106
Weststadt
Tel.: 06151·67 03 68

Loungen mit Fernweh in einer ehemaligen Eisenbahn-Industriehalle in klassisch-modernem Design.

BIERGÄRTEN

Hessen und Anderswo

Bayerischer Biergarten

Kastanienallee 4
Bürgerparksviertel
Tel.: 06151·71 11 63

Mo–So von 11–23 Uhr, jedoch im Winter montags geschlossen.
Hier trifft sich jedermann mit Kind und Kegel. Im Gasthaus gibt es das ganze Jahr über sehr gute deutsche Küche. Am Rand des Bürgerparks sitzt man hier in der freien Natur.

Biergarten

Dieburger Straße 97
An der Mathildenhöhe
Tel.: 06151·43 85 5

Sobald es warm wird, ist Mo–So von 11–22.30 Uhr geöffnet.
Der Biergarten, der vor allem Schüler und Studenten anzieht.

Biergarten Eichbaumtresen

Bessunger Straße 93
Bessungen
Tel.: 06151·64 54 4

Mitten in Bessungen gelegen gibt es hier unter schmucken alten Bäumen rustikal-leckere Küche, für man einen großen Appetit mitbringen sollte.

Fischerhütte

Ostwald
Oppermanns Wiesenschneise
Tel.: 06151·48 60 1

Mo–Fr von 15–21 Uhr und Sa und So von 10–21 Uhr.
Hinter dem Vivarium im Ostwald stehen die Fischerhütten direkt an den Teichen. Ein Besuch ist ideal für den Familiensonntagsausflug!

Weststadtcafé

Mainzer Straße 106
Weststadt

Das Weststadtcafé hat nur im Sommer geöffnet.
Hier kann man den Sonnenuntergang mit Blick über die Bahngleise genießen und auf einem offenen Grill das brutzeln, was man selbst mitgebracht hat.

Zum Kalkofen

Kalkofenweg 90
Arheilgen
Tel.: 06151·37 14 80

Mo–Fr von 15–1 Uhr sowie Sa von 12.30–24 Uhr und So von 9.30–1 Uhr.
Der besondere Familienausflug, denn hier gibt es neben urigem Ambiente auch für Kinder jede Menge Tiere zu beobachten!
Der Biergarten mit 700 Plätzen liegt am Waldrand und ist das ideale Ziel für Skater und Radler, die hier verweilen möchten.

ÜBERNACHTUNG

Hotels und Unterkünfte

Hotel an der Mathildenhöhe

Spessartring 53
64287 Darmstadt
Tel.: 06151•49 84 0
Fax: 06151•49 84 50
www.hotel-mathildenhoehe.de

Hotel mit 3 Sternen, das sich in einer der schönsten Gegenden Darmstadts zwischen der Mathildenhöhe und der Rosenhöhe befindet.

Hotel Bockshaut

Kirchstraße 7
64283 Darmstadt
Tel.: 06151•99 67 0
www.bockshaut.de

Die Bockshaut ist das traditionsreichste Hotel mit 3 Sternen direkt in Darmstadts Innenstadt zwischen dem Marktplatz und der Stadtkirche gelegen. Das dazugehörige Lokal ist Darmstadts ältestes und besteht seit 1795. Hier werden dem Besucher hessische Spezialitäten wie z.B. das »Heinerpfännchen« oder der sogenannte »Odenwälder Heuwagen« angeboten. Das zur Bockshaut dazugehörende »Bockshaut Bühnchen« bietet ein abwechslungsreiches Kabarettprogramm an.

Hotel Café Nothnagel

Wilhelm-Leuschner-Straße 67
64347 Griesheim
Tel.: 06155•83 70 0
Fax: 06155•40 34
www.hotel-nothnagel.de

Das Hotel Nothnagel ist im Zentrum von Griesheim gelegen. Zum Komfort des 3-Sterne-Hotels gehören Besonderheiten wie eine Sauna- und Badelandschaft sowie ein Fitnessraum.

City-Hotel

Adelungstraße 44
64283 Darmstadt
Tel.: 06151•30 86 0
Fax: 06151•30 86 100

Zentral, aber außerhalb der Fußgängerzone gelegen, befindet sich das City-Hotel.
Dank der bequemen Parkmöglichkeiten in der Tiefgarage oder im Innenhof bleibt den Gästen die lästige Parkplatzsuche erspart.

Hotel Etap

Kasinostraße 4
64293 Darmstadt
Tel.: 06151•39 73 720
www.etaphotel.com

Zentral, aber an einer der Hauptverkehrsstraßen gelegenes Hotel, das zu einer großen internationalen Hotelkette gehört. Das Hotel befindet sich in unmittelbarer Nachbarschaft des Literaturhauses.

Hotel Ibis

Kasinostraße 6
64293 Darmstadt
Tel.: 06151·39 70 0
Fax: 06151·39 70 123
www.ibishotel.com

Zu der gleichen internationalen Hotelkette wie das Hotel Etap gehört auch
das Hotel Ibis. Beide Hotels liegen
direkt nebeneinander.

Hotel Jagdschloss Kranichstein

Kranichsteiner Straße 261
64289 Darmstadt
Tel.: 06151·97 79 0
Fax: 06151·97 79 20
www.hotel-jagdschloß-kranichstein.de

Das Hotel mit besonderer Lage, im
Park des Jagdschlosses Kranichstein.
Wunderschöne Ausflüge und Ruhe in
nächster Nähe zur Stadt zeichnen dieses Hotel aus.

Maritim Konferenzhotel

Rheinstraße 105
64295 Darmstadt
Tel.: 06151·87 80
Fax: 06151·87 82 169
www.maritim.de

Am Hauptbahnhof gelegenes Konfe-
renzhotel mit zwei Restaurants,
einem beheizten Schwimmbad, Sauna und Solarium. Parkmöglichkeiten
befinden sich in der Tiefgarage. Eine
Haltestelle mit direkter Busverbindung
zum Flughafen liegt vor der Haustür.

Maritim Rhein-Main Hotel

Am Kavalleriesand 6
64285 Darmstadt
Tel.: 06151·30 30
Fax: 06151·30 31 11
www.maritim.de

Modernes Hotel mit imposanter Glasfassade. Schwimmbad, Sauna und
Solarium sowie Fitnessraum gehören
zum Angebot. Von den 248 Zimmern
sind 124 speziell für die nichtrau-
chenden Gäste reserviert.

RAMADA-Treff Page Hotel

Eschollbrücker Straße 16
64295 Darmstadt
Tel.: 06151·38 50
Fax: 06151·38 51 00
www.ramada-hotels.com

Hotel mit fünf Konferenzräumen mit
Platz für bis zu 190 Seminarteilneh-
mern. Neben den 162 Zimmern verfügt das Hotel über vier Suiten. Parkmöglichkeiten in der Tiefgarage.

Hotel Rehm

Heidelberger Landstraße 306
64297 Darmstadt
Tel.: 06151·94 13 0
Fax: 06151·94 13 13

Im Süden Eberstadts gelegener Familienbetrieb. Von hier aus lässt sich
der Frankenstein zu Fuß erreichen
oder es lohnt ein Spaziergang zu der
nahe gelegenen Eschollkopfmühle
und entlang der Modau-Promenade.

Abendlied

von Matthias Claudius

Der Mond ist aufgegangen
die goldnen Sternlein prangen
am Himmel hell und klar.
Der Wald steht schwarz und schweiget
und aus den Wiesen steiget
der weiße Nebel wunderbar.

Wie ist die Welt so stille
und in der Dämmrung Hülle
so traulich und so hold!
Als eine stille Kammer
wo ihr des Tages Jammer
verschlafen und vergessen sollt.

Seht ihr den Mond dort stehen?
Er ist nur halb zu sehen
und ist doch rund und schön.
So sind wohl manche Sachen,
die wir getrost belachen,
weil unsre Augen sie nicht sehen.

Wir stolzen Menschenkinder
Sind eitel arme Sünder
Und wissen gar nicht viel;
Wir spinnen Luftgespinste
Und suchen viele Künste
Und kommen weiter von dem Ziel.

(...)

Zentral Hotel

Schuchardstraße 6
64283 Darmstadt
Tel.: 06151 · 26 41 112
Fax: 06151 · 26 85 8

Zentral in der Fußgängerzone gelegenes Hotel mit Blick auf das Carree.

Jugendherberge Darmstadt

Landgraf-Georg-Straße 119
64287 Darmstadt
Tel.: 06151 · 45 29 3
Fax: 06151 · 42 25 35

Die Jugendherberge ist am Naturfreibad Woog gelegen. Hier können die Gäste das kühle Nass zu einem vergünstigten Preis genießen. In unmittelbarer Nähe befindet sich die Mathildenhöhe und die Innenstadt ist ca. 800 Meter entfernt. Vegetarische Essen und Vollwertkost können auf Wunsch der Gäste zubereitet werden. Zu erreichen ist die Jugendherberge mit der Buslinie D bis zur Haltestelle Woog/Ecke Beckstraße. Für Seminar- und Tagungsgruppen steht ein multimediales Equipment zur Verfügung.

Sport und Freizeit für Körper und Seele

In Darmstadt bieten sich dem sportlich Ambitionierten verschiedene Möglichkeiten einer aktiven Freizeitgestaltung, für die es nicht zwingend notwendig ist, einem Verein oder einem der vielen Sportstudios beizutreten.

In dem nach der Parkanlage benannten Bürgerparkviertel, in dem sich auch das Hundertwasserhaus befindet, stehen dem sportlich interessierten Darmstädter verschiedenste Möglichkeiten der aktiven Freizeitgestaltung offen.

Das Stadion des Geländes wird für verschiedenste sportliche Anlässe genutzt. Hier finden Spiele der seit 1985 bestehenden American-Football-Mannschaft »Darmstadt Diamonds« statt. Die »Diamonds« schafften es im Jahre 1989, also vier Jahre nach ihrer Gründung, in die 1. Bundesliga aufzusteigen. Momentan spielen sie in der 2. Bundesliga Süd, in der sie 2001 Vizemeister wurden.

Für die sportlich Ambitionierten bietet die Anlage zwei Tennisplätze, zwei Volleyballfelder, Basketballfelder, einen Fußballplatz sowie mehrere Spiel- und Liegewiesen. Alle Plätze stehen dem Besucher kostenlos zur Verfügung. Außerdem befinden sich im Bürgerpark Nord das Nordbad und die Eissporthalle.

Eine ähnliche Möglichkeit der sportlichen Betätigung bietet sich dem Besucher des Hochschulstadions, in dem ein Schwimmbecken ist. Besonders schön ist hier die für Läufer im Wald angelegte Runde. Auf einer Tafel sind die Längen der einzelnen Runden zu finden.

Das Naherholungsgebiet am Steinbrücker Teich liegt im Nordosten der Stadt und ist vor allem mit Kindern einen Besuch wert. Den Steinbrücker Teich ließ Georg I. (1547–1596) um 1573 ausheben. Die Gaststätte »Oberwaldhaus« existiert seit 1901 und gibt der ganzen Anlage den zweiten, unter Darmstädtern geläufigeren Namen Oberwaldhaus. Angebote wie der Verleih von Tret- und Ruderbooten, eine Minigolfanlage, ein Spielplatz mit einer großen Sandkiste, ein Pony- und Kutschenverleih für kleine Runden durch den angrenzenden Wald bieten nicht nur für das Wochenende Unterhaltung.

SPORT

Naherholungsgebiet

Oberwaldhaus

Gaststätte
Dieburger Straße 257
Oberwaldhaus
64287 Darmstadt
Familie Gleichauf
Tel.: 06151 · 71 15 88

In der Gaststätte Oberwaldhaus ist der Kuchen besonders empfehlenswert. Am Parkplatz an der Dieburger Straße steht im Sommer zu den Hauptbesuchszeiten Eis Friedel mit einem Wagen, dessen Eis sehr lecker ist.
Für den Pony- und Reitbetrieb am Oberwaldhaus wenden Sie sich an Familie Gleichauf!

Eissport

Carree-on-ice

Carreeplatz
Innenstadt

Im Dezember gibt es eine 350 qm große Eisfläche direkt auf dem Carreeplatz. Schlittschuhe können ausgeliehen werden. Die Möglichkeit hier Eis zu laufen gibt es nur im Dezember Montag bis Freitag von 12–20 Uhr und auch jeden Samstag von 10–16 Uhr.

Eissporthalle

Alsfelder Straße 45
Bürgerparkviertel
Tel.: 06151 · 77 79 0

In der Darmstädter Eissporthalle steht den Schlittschuhläufern von Mitte September bis Anfang April eine Fläche von insgesamt 1.800 qm Eis zur Verfügung. Die Schlittschuhe können kostenpflichtig ausgeliehen werden. Jeden Freitagabend ist hier »disco on ice«.
Montag bis Freitag von 9–13 und von 14–17 Uhr. Samstag von 9–12 und 15.30–19 Uhr sowie Sonntag von 10 – 18 Uhr, außerdem Mittwoch, Donnerstag, Freitag und samstagabends.

Lauftreff

Darmstädter Lauftreff

TU-Parkdeck auf der Lichtwiese/
Parkplatz Stadion am Böllenfalltor
Tel.: 06151 · 42 24 61

Montags und donnerstags um 18 Uhr, im Winter auch samstags um 16 Uhr, laufen und walken verschiedene Gruppen an der Lichtwiese los. Ebenso dienstags am Stadion um 9.30 Uhr.

Minigolf

Minigolf im Prinz-Emil-Garten

Niederstraße 27
Bessungen
Tel.: 06151 · 66 48 90

Die Minigolfanlage inmitten von Bessungen befindet sich direkt neben dem Prinz-Emil-Garten.

Minigolf am Steinbrücker Teich

Dieburger Straße 257
Am Oberwaldhaus
Tel.: 06151·95 15 00

Neben dem Bootsverleih, dem Spielplatz und den Ponys ist die Minigolfanlage die Attraktion am Oberwaldhaus.

Sauna

Dampfbad im Zentralbad

Mercksplatz 1
Innenstadt
Tel.: 06151·13 23 90

Beim Zentralbad kann man gespannt sein auf das Ergebnis der bevorstehenden Sanierung, denn momentan wirkt das Schwimmbad mit Sauna und Dampfbad im Jugendstilgebäude noch recht heruntergekommen.
Dienstag von 9–15 Uhr nur Frauen und von 15–20 Uhr gemischt. Am Mittwoch von 9–20 Uhr nur Männer. Donnerstag von 9–20 Uhr für Frauen und Freitag von 9–20 Uhr gemischt. Samstag von 9–18 Uhr gemischt.

Die Sauna

Am Ohlenberg 29–31
64390 Erzhausen
Tel.: 06150·81 01 3

»Die Sauna« ist die größte Saunaanlage in der Umgebung mit verschiedenen Saunen von 60 bis 100 Grad, römischem Dampfbad, 2 Hallenbädern, Außenschwimmbad und einer Kneipp-Wasseranlage.
Montag bis Samstag von 11–24 Uhr. Sonn- und Feiertage von 11–22 Uhr.

Tropisol

Rudolf-Diesel-Straße 3
64846 Groß-Zimmern
Tel.: 06071·71 39 3

Im Tropisol werden dem Besucher auf über 2.400 qm Fläche verschiedene Saunen, ein Tepidarium, Sprudelbäder und Dampfbäder geboten.
Montag bis Freitag von 16–23.30 Uhr und Samstag von 11–20.30 Uhr.

Freibäder

Arheilger Mühlchen

Auf der Hardt 105
Arheilgen
Tel.: 06151·37 16 05

Das Arheiliger Mühlchen ist ein Naturfreibad. Der Eintritt an dem kleinen See ist frei.

Großer Woog

Eingang Landgraf-Georg-Straße 121
Eingang Heinrich-Fuhr-Straße 20
Woogsviertel
Tel.: 06151·13 30 98 oder
Tel.: 06151·13 23 93

Goethe soll einer der ersten gewesen sein, der in dem Naturfreibad Großer Woog badete. Hier kann man Ruderboote leihen, außerdem gibt es einen 10-Meter-Sprungturm.

Grube Prinz von Hessen

Dieburger Straße
Außerhalb

In der Nähe des Oberwaldhauses befindet sich mit der Grube Prinz von Hessen der Badesee der Darmstädter.

Hochschulstadion

An der Lichtwiese
Böllenfalltor
Tel.: 06151 · 16 36 18

Im Hochschulstadion kann man umgeben von Joggern und Tennisspielern in einem 25 Meter langen Becken schwimmen. Hier treffen sich die Studenten. Zur sportlichen Ertüchtigung sind Vollyballnetze auf Sandplätzen gespannt.

Mühltalbad

Mühltalstraße 72 80
Eberstadt
Tel.: 06151 · 54 60 5

Im Eberstädter Freibad sind besondere Attraktionen der 10-Meter-Turm und die lange Wasserrutsche. Außerdem gibt es einen abgetrennten Nichtschwimmerbereich und ein Becken für die Allerkleinsten und für die Größeren eine riesige Spielwiese.

Nordbad

Alsfelder Straße 33
Bürgerparkviertel
Tel.: 06151 · 13 28 51

Wer sich im Wasser sportlich betätigen will, der sollte ins Nordbad gehen. Neben den 50-Meter-Bahnen gibt es ein abgetrenntes Becken für Nichtschwimmer und ein Planschbecken für Kinder.

Pfungstädter Freibad

Seeheimer Straße
64319 Pfungstadt
Tel.: 06157 · 93 01 96

Im Pfungstädter Freibad gibt es mehrere Schwimmbecken sowie einen 5-Meter-Turm. Das Schwimmbad ist ideal für Familien.

Hallenbäder

Bessunger Schwimmbad

Ludwigshöhstraße 10
Bessungen
Tel.: 06151 · 13 23 92

Das Bessunger Schwimmbad ist klein und deshalb für die weniger sportlich Ambitionierten gut geeignet. Außerdem gibt es ein Aqua-Gymnastik-Angebot. Montag von 7-19 Uhr, Dienstag von 14–18 Uhr, Mittwoch von 14–19 Uhr, Donnerstag und Freitag von 7–21 Uhr und Samstag von 8–18 Uhr. Donnerstag, Freitag und Samstag ist Warmbadetag.

Nordbad

Alsfelder Straße 33
Bürgerparkviertel
Tel.: 06151·13 28 51

Das Nordbad ist das Darmstädter Schwimmbad, in das all diejenigen gehen, die trainieren möchten. Das Becken wird zum Teil in einem abgegrenzten Bereich für Vereine und Schulsport genutzt.
Montag von 10–21 Uhr, Dienstag und Mittwoch von 8–21 Uhr, Donnerstag von 6.30–21 Uhr, Freitag von 8–21 Uhr, Samstag von 8–18 Uhr und Sonntag von 8.30–14 Uhr.

Pfungstädter Wellenbad

Seeheimer Straße
64319 Pfungstadt
Tel.: 06157·93 01 96

Im Pfungstädter Wellenbad gibt es mit den Wellen Vergnügen für die ganze Familie. Zusätzlich gibt es ein Becken für Nichtschwimmer.
Dienstag von 13–21 Uhr, Mittwoch von 13–17 Uhr, Donnerstag und Freitag von 6.30–21 Uhr, Samstag von 9–18 Uhr und Sonntag von 9–17 Uhr.

Zentralbad

Mercksplatz 1
Innenstadt
Tel.: 06151·13 23 90

Da im Zentralbad immer Warmbadetag ist, lohnt sich der Besuch hier nur für diejenigen, die lieber im Wasser

planschen als Wassersport zu betreiben.
Dienstag und Mittwoch von 7–21 Uhr, Donnerstag und Freitag von 7–19 Uhr und Samstag von 7–18 Uhr.

Verein

SV 98

Nieder-Ramstädter-Straße 170
64285 Darmstadt
Tel.: 06151·66 66 98

Die Eintrittspreise für die Fußballspiele liegen je nach Rang zwischen 8 und 16 (bzw. 7–13) Euro.

Allgemeine Informationen

Sportamt

Frankfurter Straße 71
Tel.: 06151·13 29 70

Das Sportamt erteilt allgemeine Informationen für die verschiedensten Fragen zum Thema Sport in Darmstadt.

Für jeden, der sich lieber im Verein sportlich betätigen möchte, hat die Stadt eine Infobroschüre herausgegeben. Die Broschüre zum Sportangebot der Vereine in Darmstadt ist kostenlos im Stadtfoyer am Luisenplatz erhältlich.

Die Freibäder sind von Anfang Mai bis Ende September von 9–20 Uhr bzw. Dienstag und Freitag von 8–20 Uhr geöffnet.

SV 98

Darmstädter Fußballverein

Im Süden der Stadt, fast schon an der Grenze zum Odenwald, hat der Sportverein Darmstadt 98 seinen Sitz. Am 22.05.1898 gegründet, zählt er heute 1.150 Mitglieder und mehrere Abteilungen. Am bekanntesten ist seine erste Fußballmannschaft, die es zweimal in die Bundesliga schaffte. Sie spielt im schönen Stadion am Böllenfalltor, das 26.000 Zuschauer faßt und auf eine interessante Geschichte zurückblickt. Hier stieg man, unter Lothar Buchmann, im Sommer 1978 in die Bundesliga auf. Er konnte das Team dort aber ebensowenig halten wie Klaus »Schlappi« Schlappner, der 1979 nachfolgte. Die, mit der Wappenblume als Pate, so genannten Lilien stiegen im selben Jahr wieder ab. Einer machte sich damals als Stürmer einen Namen: Peter Cestonaro. In beiden Erstligajahren schoß er in 56 Spielen ganze 21 Tore. Mit ihm stieg die Mannschaft 1981 wieder auf – Trainer: Werner Olk. Cestonaros Sturmpartner 1981 war Bodo Mattern, der es auf 13 Treffer brachte. Aber auch sie konnten den erneuten Abstieg nicht verhindern. So etablierte man sich lange nur in der zweiten Liga. Das bis heute letzte Klopfen an der Tür zur ersten Liga verhallte ungehört im Jahre 1988. Im Saarbrücker Ludwigspark ging das dritte Relegationsspiel gegen den SV Waldhof im Elfmeterschießen verloren. Uwe »Kuuuuuhl« hatte in drei Spielen alles gegeben und das Tor zur ersten Liga ganz weit aufgestoßen. Es fehlte nur ein Tor... und die Lilien wären wieder aufgestiegen. Aber das fiel nicht. Und so ging es bis heute kontinuierlich bergab. Siege beim regionalen Possmann-Cup gelten heute als große Erfolge. Man ist bescheiden geworden am Böllenfalltor und inzwischen nur noch viertklassig, verfügt aber noch über ein oft launisches (»eujeujeujeujeu«) und sehr begeisterungsfähiges (»Ihr seid scheiße, wie der OFC«) Publikum mit einer beachtlich großen Fangemeinde. Seit das Hooligan-Problem gelöst wurde, kann ein Besuch bei den Lilien auch »Fußballlaien« wieder empfohlen werden. Besonders Abendspiele bei Flutlicht können – selbst bei amateurhaftem Spiel – ein Erlebnis sein. Ästhetisch bemerkenswert sind die gerne in breitem Hessisch vorgetragenen spezifischen SVD-Fansongs (»Die Sonne scheint, die Spieler sind alle bereit – oh, oh, oh!«).

DA·HINTER

versteckt
sich Übersicht
und viel Inhalt

———————————— IMPRESSUM ————————————

Erschienen bei

edition libellus
Liebigstraße 61
64293 Darmstadt
info@edition-libellus.de
www.edition-libellus.de

Printed in Germany 2003.
isbn 3-937052-00-3

Autoren

Imke Haase, K.P. Haase,
Ulrike Plapp, Vasco Reuss

Titelgestaltung und Buchkonzept

Stefan Kugel
Diplom-Kommunikationsdesigner
Grafik und Illustration

stefan@kugelgraphics.com
www.kugelgraphics.com

Gestaltung, Illustration und Satz

Stefan Kugel
Gesetzt aus der Bradlo Sans

Auflage

2. Auflage Juli 2003
2000 Exemplare

Alle Rechte vorbehalten. Der Nach-
druck, auch auszugsweise, ist nur mit
schriftlicher Genehmigung des Ver-
lags gestattet. Alle Angaben sind
sorgfältig recherchiert, aber ohne Ge-
währ.

Stand: Juni 2003.

Druck

Druckerei Lokay in Reinheim

Einband

Der Umschlag wurde im Haus für
Industriekultur in Darmstadt gesetzt
und gedruckt. Die Farben für den Ein-
band sind von der Firma Merck in
Darmstadt und der Firma SICPA in
Backnang gespendet.

Stadtplan

Mit Genehmigung des Stadtvermes-
sungsamtes Darmstadt.

Fotografien

Ulrike Plapp
u.plapp@gmx.de

27, 28, 47, 48, 53, 55, 61, 62, 63, 65,
66, 67, 87, 90, 101

Angelika Zinzow
Diplomdesignerin FH
zinzow@web.de

2, 10, 26, 30, 33, 38, 49, 50, 68, 70,
84, 108, 121

Bildnachweis

Sina Althöfer 73
Archiv Frau M.Horst 14, 16, 19
Centralstation Darmstadt 35
Wolfgang Fuhrmannek 77, 78
Kunsthalle 102
Kay Petermann 57, 61
Schlossmuseum Darmstadt 81
Birgit Vetter 97

DA·NACH

Die Realisierung des Bucheinbandes, nach den Entwürfen des Grafikers Stefan Kugel, verdankt ihre Einmaligkeit einer intensiven Zusammenarbeit mit dem Haus für Industriekultur. Die von dem Darmstädter Typographie-Professor Hermann Zapf entworfene Optima wurde hier Letter für Letter von Hand gesetzt. Besonderen Dank an Frau Monika Stöckl-Reinhard, Herrn Karl-Heinz Plenert und Herrn Dieter Bauer.

Repräsentativ für die Jugendstilstadt Darmstadt stehen die beiden Majuskeln, das schlanke D und das A. Die aus Birnenholz geschnitzten Unikate des frühen 20. Jahrhunderts verleihen einer gewohnten Abkürzung individuellen Charakter.

Die für den Einband verwendeten Interferenz-Farben der Firma Merck verändern je nach Lichteinfall ihre Farbe und so erstrahlen die Jugendstil-Lettern in neuem Glanz. Besonderer Dank gilt Herrn Burkhard Krietsch von der Firma Merck und der Firma SICPA in Backnang für die uns zur Verfügung gestellten Farben.

Gedruckt wurde der Einband im Haus für Industriekultur von Herrn Gerd Hauß auf einer original Heidelberger Zylinderdruckmaschine. Auch bei ihm möchten wir uns an dieser Stelle bedanken.

Durch die besondere und in der heutigen Zeit sehr außergewöhnliche Herstellung des Bucheinbandes wird jedes einzelne Buch zu einem Unikat. Darmstadt war nicht nur in der Vergangenheit eine Kulturstadt, sondern Kultur spielt auch in der Gegenwart eine wichtige Rolle.

Diesen Anspruch gilt es zu erhalten und lebendig in die Zukunft zu transportieren. Auch im Kultur- und Stadtführer wird diese Brücke geschlagen und sowohl Vergangenes als auch Modernes und Gegenwärtiges finden besondere Beachtung.

IMKE HAASE·
EDITION LIBELLUS